음악 믹싱
예술과 기술의 만남

일러두기

1. 고주파, 중주파, 저주파는 전기, 통신, 음향에서 모두 사용되는 용어이지만 그 주파수대역은 서로 다른 기준을 가지고 있어 이 책에서는 인간의 가청주파수인 약 20Hz~ 20kHz를 기준으로 한다.
2. 고음역, 중음역, 저음역은 피아노를 기준으로 대략 A0~B3, C4~B5, C6~C8으로 나눠 설명하였다.
3. 영어는 외래어표기와 번역표기를 혼용했다.

음악 믹싱
예술과 기술의 만남

Mixing Music
The Balance of Art and Technology

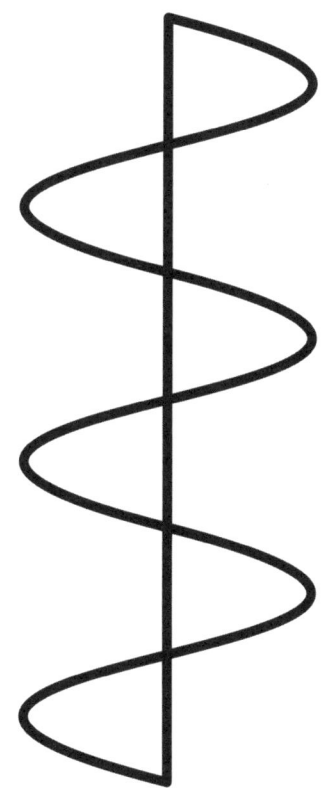

박혁 지음

바른북스

머리말

사운드에 관심을 갖기 시작한 시기, KOBA(국제 방송 · 미디어 · 음향 · 조명 전시회)를 방문해 무료로 배포하던 음향장치의 홍보물을 읽어보며 공부하던 시절을 떠올려 본다. 이후로 지금까지 많은 시간이 흘렀음에도 음악 믹싱만을 깊게 다룬 책은 여전히 찾아보기 어렵다.

몇 해 전부터 현장의 경험을 대학으로 전달하는 역할이 주어지면서 단순히 개인적인 경험을 들려주기보다 객관적이고 이론에 근거한 지식을 전달하려는 목적을 가지고 이 책을 쓰기 시작했다. 많은 선행 연구를 거쳤고 이를 바탕으로 지난 26년간의 현장 경험을 정리하며 다양한 이론을 연결하여 그 내용을 뒷받침하였다.

이 책은 대중음악 믹싱을 주제로 총 6장으로 이뤄져 있다.

1장은 믹싱의 개념과 배경을, 2장은 믹싱의 순서를 과정의 흐름에 따라 설명했다. 3장에서는 보컬과 악기별로 구분하여 구체적인 믹싱 방법을 서술하였다. 4장은 음향장치의 사용법과 활용에 대해, 5장은 믹싱에 유용하고 필자가 자주 사용하는 플러그인을 소개했다. 6장은 앞에서 분류하기 힘든 내용을 한데 모았다. 실제 믹싱의 과정이 그렇듯 2, 3, 4장의 내용 또한 동시에 복합적으로 설명하여 다소 중복된 부분이 있지만 그만큼 중요한 부분이다.

믹싱을 글로 설명하는 것은 마치 요리나 자전거 배우기를 설명하는 것과 비슷해서, 직관적인 경험 위주의 과정을 논리정연하게 이론적인 글로 정리하자니 어려움이 있었고 그 한계가 책 곳곳에 나타나 있으니 너그럽게 이해해 주기 바란다.

  활용방법을 설명함에 있어 음악을 기준으로 해석하려고 노력했다. 이는 우리가 하는 모든 과정이 결국 음악의 일부분이기 때문에, 어떤 문제를 해결하는 관점을 보다 음악적 혹은 감성적으로 바라보기 위한 의미로 이해하면 좋을 것 같다.

  책 속의 많은 부분은 주관적이고 경험적인 내용을 다뤘기 때문에 독자들도 책의 내용을 바탕으로 자신에게 맞는 독창적인 방식으로 음악을 표현하게 되기를 기대한다.

  머리말을 쓰는 지금도 어제 믹싱한 곡을 들어보며 아티스트와 소통하고 있다. 그리고 여전히 그 표현방법에 관해 고민하고 있다.

2024. 2. 12
박 혁

목차 • 머리말

1장. 음악 믹싱

믹싱이란 • 14
좋은 사운드를 위한 세 가지 요소 • 15 | 믹싱의 목표 • 16
믹싱의 범위 • 18 | 배경지식과 교육 • 19

제작과정에서의 믹싱 • 23
앨범 제작과정 • 24 | 음악 제작과정 • 25

믹싱 방식 • 26
믹서 중심 • 26 | 인더박스 • 28 | 하이브리드 • 29

믹싱 시스템 • 30
하드웨어 • 31 | 소프트웨어 • 32

오디오미터 • 36
VU/SVI(Volume Unit, Standard Volume Indicator) • 38 | PPM(Peak Program Meter) • 39
디지털 오디오미터 • 40 | 라우드니스미터 • 41

스튜디오 음향 • 45
반사 • 45 | 흡음과 확산 • 47 | 음향 문제 • 48

모니터 • 53
모니터 스피커 선택 • 54 | 모니터 스피커 세팅 • 56 | 모니터링 • 60

DAW에서 오디오신호의 흐름 • 63
DAW 트랙 구성 • 63 | DAW 내 오디오신호의 흐름 • 65

Mix #1 • 68

2장. 믹싱 순서

시작 • 74
도입 • 75 | 템플릿 만들기 • 77 | 트랙 레이아웃 • 80
컴핑과 에디팅 • 83 | 피치 수정 • 84 | 리듬, 타이밍 맞추기 • 86
노이즈 제거 • 87 | 위상 확인 • 89

집중 • 92
섹션별 믹싱 • 93 | 소스별 믹싱 • 94
게인스테이징 • 96 | 패닝 • 99 | 밸런스 • 100

완성 • 103
톤과 캐릭터 • 103 | 오토메이션 • 107 | 리버브와 다양한 효과장치의 활용 • 109
스테레오 이미지 확장 • 112 | 소스의 선명도, 명료도 높이기 • 115
섹션별 다이내믹 확인 • 115 | 순환 • 116

마무리 • 118
믹스 체크리스트 • 118 | 듣기 • 121 | 믹스레벨 • 122 | 프린트 • 125

Mix #2 • 134

3장. 실제

Lead Vocal • 139
시그널 체인과 음향처리 • 140 | 보컬 밸런스 • 147
활용 • 148 | 디에서와 볼륨 오토메이션을 이용한 치찰음 줄이기 • 149
필터를 이용한 파열음 제거 • 150
디스토션 효과를 이용한 보컬레이어 • 151 | 오토튠 효과 • 152

Background Vocal • 153
패닝 • 154 | 컴프레서 • 155 | 이퀄라이저 • 155

Drum • 156
믹싱 • 157 | 패닝 • 158 | 위상 • 159 | 리버브 • 160
이퀄라이저 • 160 | 컴프레서 • 163 | 활용 • 164

Bass • 167
이퀄라이저 • 168 | 컴프레서 • 168 | 활용 • 169

Electric Guitar • 171
이퀄라이저 • 172 | 컴프레서 • 173 | 활용 • 173

Acoustic Guitar • 175
이퀄라이저 • 176 | 컴프레서 • 176 | 활용 • 177

Acoustic Piano • 179
이퀄라이저 • 180 | 컴프레서 • 181

Keyboard • 182

Mix #3 • 184

4장. 오디오 시그널 프로세서와 이펙트

프로세서의 종류 • 189

컴프레서 • 191
사용목적 • 191 | 종류 • 193 | 컴프레서 작동 • 197 | 컴프레서 사용 방법과 활용 • 199

리미터 • 203

익스팬더와 게이트 • 205
파라미터 • 206 | 활용 • 208

이퀄라이저 • 210
종류 • 210 | 사용목적 • 213 | 사용순서 • 215 | 필터 • 215 | 활용 • 217

리버브 • 221
효과 • 223 | 리버브 프로그램의 종류 • 224 | 파라미터 • 227 | 활용 • 228

딜레이 • 233
사용목적 • 233 | 딜레이 시간에 따른 효과 • 234 | 파라미터 • 235 | 활용 • 237

5장. 플러그인

Waves CLA-76 • 243

UAD, Shadow Hills Mastering Compressor • 245

Soundtoys Devil-Loc Deluxe • 247

LiquidSonics Seventh Heaven Professional • 249

UAD Ocean Way Studios • 251

Waves F6 Floating-Band Dynamic EQ • 253

Waves Kramer Master Tape • 255

Plugin Alliance Black Box Analog Design HG-2 • 257

Oeksound Soothe2 • 258

Fabfilter Pro-L2 • 260

iZotope Ozone 11 • 262

6장. 기타

믹싱에 도움이 되는 음향이론 · 266
등음량곡선(Equal Loudness Contour)으로 이해하는 모니터링 레벨에 따른
믹스 밸런스의 변화 · 266 | 소리의 세기에 따라 달라지는 피치 · 269
소리가 뭉치는 마스킹 현상 · 270

비주얼 믹싱 컨셉 · 273

비평적 청취 · 275

매크로 믹싱과 마이크로 믹싱 · 277
특징 · 278 | 매크로 믹싱 순서 · 279

소통과 관계 · 281
믹싱 엔지니어와 프로듀서, 창작자 · 281 | 믹싱 엔지니어와 A&R · 282
대중 · 283

- 참고문헌
- 미주

Mixing Music
The Balance of Art and Technology

1장 음악 믹싱

믹싱이란

　음악 믹싱이란 '사운드소스sound source에 음향처리과정을 거쳐 밸런스를 맞춘 뒤 일정한 포맷의 믹스 오디오를 만드는 일련의 과정'이다.
　이 과정을 수행하려면 대상인 '음악'이 있어야 하고 도구인 '음향장치'와 이를 이용할 수 있는 '기술'과 '경험'이 필요하며, 마지막으로 훌륭한 사운드로 이끌 '창의성'이 필수적이다.
　여러분이 음악 창작자라면 자신의 곡부터 믹싱할 수 있고 그렇지 않다면 주변의 지인들이나 인터넷상에서 다른 창작자들에게 공개적으로 요청할 수도 있다. 그리고 도구인 소프트웨어와 하드웨어는 필요하면 구매할 수 있고 사용방법은 매뉴얼을 보며 사용방법을 익힐 수 있다.
　하지만 대상에 도구를 적용하는 과정에는 기술, 경험, 아이디어가 필요하다. 성능 좋은 음향 기기라도 작동방법만 익혀서는 부족하다. 언뜻 보기에 믹싱은 기술 과정이 대부분일 것이라 생각하겠지만 사실은 그렇지 않다. 도구는 당연히 컴퓨터나 소프트웨어 혹은 하드웨어지만 적용하는 기준과 방식 그리고 사용목적은 전적으로 음악에 달려있다. 믹싱은 음향처리에 관한 기술적 작업임과 동시에 음향장치로 음악을 표현하는 창의적인 작업이다.

이제는 다양한 사람들이 믹싱에 관해 배우려고 한다. 엔지니어, 창작자, 연주자, 교육자, 크리에이터, 사운드 디자이너 등 각기 다른 목적을 가졌지만 음악 믹싱에서는 무엇보다 음악이 가장 중요한 기준이 된다는 점을 잊지 말아야 한다.

"기술은 음악 위에 있지 않다."

좋은 사운드를 위한 세 가지 요소

좋은 사운드를 만들기 위한 핵심 요소는 세 가지로 정리할 수 있다.

(1) 우선 '음악을 바라보는 정확한 시각'이다. 다시 말해, 창작자가 표현하고자 하는 바를 잘 분석해야 한다. 자신의 곡을 믹싱하는 경우를 제외한 모든 믹싱은 다른 사람의 창작물을 대신 표현해 주는 작업이다. 멋진 사운드를 만들었다 해도 의뢰인이 공감할 수 있어야 한다.
(2) 머릿속의 아이디어나 이미지를 구체적으로 표현하려면 숙련된 '기술과 경험'이 있어야 한다. 좋은 믹싱을 하려면 혼자 갈고 닦는 시간도 필요하지만, 그만큼 여러 창작자들과 지속적으로 새로운 곡을 작업하고 다양한 상황에 놓이면서 많은 고민과 시도를 통해 풍부한 경험을 쌓는 것이 중요하다.
(3) '음악적 창의성'이다. 창의적 생각과 아이디어는 기술과 경험의 바탕 위에 있어야 현실성이 있다. 기술력 없는 창의성은 머릿속 상상이 되기 쉽고, 창의성 없는 기술은 지루한 음악이 되기 쉽다.

믹싱의 목표

믹싱에서 지향해야 할 목표는 크게 음악적 표현과 분위기, 밸런스, 선명도, 흥미와 관심으로 요약된다. 그중에서 곡의 장르와 스타일에 맞게 표현하는 것이 믹싱의 가장 큰 목표이고, 나머지 요소들도 결국은 올바른 음악적 표현이라는 큰 목표를 이루는 데 도움이 되는 실제적 방법들이라 할 수 있다.

∞ 음악적 표현

음악은 리듬, 멜로디, 화성, 연주 등 여러 음악적 요소로 감정을 나타내는 예술이다. 믹싱은 이들을 어떻게 결합하는가 하는 기능적 측면이라고 할 수 있는데, 얼마만큼 효율적이고 극적인가에 따라 음악의 감정표현 정도가 달라진다. 결과적으로 곡에 맞는 분위기와 표현을 위한 '음악적 요소의 적절한 균형'이 믹싱의 가장 중요한 목적이다.

∞ 밸런스

믹싱에서 밸런스는 레벨 밸런스, 주파수 밸런스, 스테레오 밸런스로 구분한다.

(1) '레벨 밸런스'는 소스 간의 레벨을 상대적으로 조정하는 것을 말하는데 일정한 레벨을 유지하기 위한 컴프레서의 다이내믹 조절도 여기에 포함된다.

(2) '주파수 밸런스'는 소스의 음색을 음악 스타일에 맞게 주파수대역별로

조정하는 것과 음악 청취에 불편하지 않도록 전 주파수대역을 알맞게 조절하는 것을 가리킨다. 이를테면, 곡 전체 사운드가 먹먹하거나 답답하지 않게 높은 주파수대역으로 올리거나 이와는 반대로 낮은 주파수대역으로 내리는 것을 말한다.

(3) '스테레오 밸런스'는 사운드를 스테레오 파노라마 형태로 바라볼 때 어느 한쪽으로 치우치지 않도록 균형 있게 배치하는 것을 의미한다. 너무 많은 소스가 가운데로 모이면 결과적으로 모노처럼 들리며 좁은 형태의 이미지가 만들어지고, 반면에 너무 펼쳐지는 형태가 되면 과장된 스테레오 효과 때문에 가운데가 빈 듯한 왜곡된 파노라마가 발생할 수 있어 스테레오 밸런스를 고르게 조절해야 한다.

∞ 선명도

무엇보다 음악은 잘 들려야 한다. 단순히 모든 소리가 다 잘 들리기보다 음악의 다양한 요소가 분명하게 정의될 수 있는 선명도를 가져야 한다. 나아가 선명도를 달리하여 상대적 차이를 이용하면 입체감 있는 사운드로 발전시킬 수 있다. 간혹 음악스타일 때문에 의도적으로 선명하지 않은 사운드를 추구하는 경우가 있다 하더라도 음악적 요소들이 명확하게 정의될 만큼의 선명도를 확보함으로써 대중음악을 즐기는 데 불편하지 않게 하고 차원 높은 음향적 경험을 제시할 수 있다.

∞ 재미와 흥미

음악은 멜로디, 리듬, 가사 등 반복되는 요소가 많아 자칫 지루해질 수가 있다. 때문에 곡이 진행되는 동안 편곡, 화성, 효과음 등에 변화를 주어 듣는 사람으로 하여금 관심을 가질 만한 재미있는 음향적 요소를 곳곳에 추가해야 한다.

믹싱의 범위

믹싱은 크게 '주파수', '레벨', '공간', '시간'의 영역 안에서 이루어지며 마치 톱니바퀴처럼 서로 밀접하게 연결되어 있다. 가령 리드보컬에 밝은 느낌을 주려고 높은 주파수를 증가시키면 음색이 밝아지며 마치 레벨을 올린 것처럼 잘 들리게 되고 동시에 주변의 악기들은 상대적으로 선명도가 낮아지는데, 이렇게 서로 영향을 주고받는 것은 믹싱의 자연스러운 과정이다. 다음에서는 이러한 상호작용이 일어나는 범위에 대해 살펴보기로 한다.

∞ 주파수

인간의 가청주파수는 약 20Hz~20,000Hz로 알려져 있다. 믹싱은 이 범위 안의 주파수를 이용해 소스의 음색을 변화시키고, 소스마다 서로 공유하고 있는 주파수를 효율적으로 배분하여 음조 균형tonal balance을 이룬다.

∞ 레벨

믹싱의 중요한 목적은 주목받아야 하는 소스와 그렇지 않은 소스 사이에서 '레벨'을 통해 상대적인 밸런스를 찾는 것이다. 따라서 소스 간의 레벨을 조정하는 것은 믹싱의 핵심적인 과정이며, 여기에는 리버브나 딜레이 효과 등 모든 사운드의 레벨이 포함된다.

∞ 공간

공간 역시 스테레오 믹싱의 중요한 영역이다. 물리적인 두 스피커 사이에서 허상phantom image을 만들고 소스의 정위localization, 넓이, 높이, 깊이를 나타냄으로써 스테레오 공간을 얼마만큼 나누고 공유하는가를 결정하는 과정은 필수적이다.

∞ 시간

음악은 시간의 흐름에 따라 연속적으로 발생되는 소리로 만들어지기 때문에 시간 역시 믹싱에서 고려해야 할 대상이다. 음악이 재생되면 소스 간에 상호작용하는 주파수, 다이내믹, 음향 효과 및 오디오 처리 등을 실시간으로 다루게 된다.

배경지식과 교육

∞ 배경지식

음악 믹싱을 하기 위해 필요한 기본적인 지식은 다음과 같다.

첫째, 음악에 대한 폭넓은 이해가 필요하다. 아무리 기술적 지식을 많이 익혀도 음악에 대한 이해가 부족하다면 좋은 도구를 가지고도 어디에 써야 할지 모르는 것과 같다. 다양한 장르의 음악을 가까이하고 기회가 된다면 악기 연주를 배우는 것도 큰 도움이 된다. 필자도 음악이 생활의 전부일 때가 있었다. 며칠씩 집에서 나오지 않고 연습을 하곤 했는데 아쉽게도 훌륭한 연주자는 되지 못했지만 그렇게 쌓아온 음악에 대한 이해와 관심은 지금까지 엔지니어로 일할 수 있는 밑거름이 되었다.

둘째, 기본적인 컴퓨팅에 밝아야 한다. 현재는 거의 모든 음악 창작 작업이 프로그램을 사용하게끔 되어있어 기본적으로 컴퓨터를 잘 알아야 한다. 컴퓨터는 운영체제에 따라 크게 PC와 Mac으로 나뉘는데, 다루고자 하는 프로그램에 알맞은 컴퓨터 플랫폼을 우선적으로 고려한다.

마지막으로, Pro Tools, Logic Pro, Cubase 등과 같은 DAW(Digital Audio Workstation)의 사용에 능숙해야 한다. 대부분의 DAW 소프트웨어는 시퀀싱, 레코딩, 에디팅, 믹싱이 모두 가능하므로 그 운용에 익숙해야 믹싱이 수월하다.

이외에도 다양한 음향장치의 사용법, 기본적인 전기와 음향에 대한 지식도 필요하다. 뿐만 아니라 뮤직비즈니스 분야도 관심을 가져야 할 중요한 영역이다. 음악시장이 꾸준히 성장하는 가운데 그 중심인 프로덕션과정이 빠르게 변하면서 믹싱에 대한 요구도 다양해지고 있으므로, 뮤직비즈니스의 큰 흐름을 알면 의뢰인의 요구에 대응하기가 수월하다.

∞ 교육

믹싱을 배우는 방법에는 전문 교육기관이 제공하는 커리큘럼을 통해 익히는 방법, 레코딩 스튜디오에서 근무하면서 인턴을 거쳐 레코딩 엔지니어가 되는 전통적인 도제식 방법, 마지막으로 다양한 멀티미디어를 통해 스스로 익히거나 개인레슨을 통해 도움을 받는 방법 등이 있다.

1) 전문 교육기관

현재 대중음악의 상업화는 뮤직프로덕션에 큰 변화를 가져오면서 그 대상이 전문가들의 영역에서 대중적인 영역으로 넓어지고 있다. 덕분에 일정한 교육 커리큘럼을 가진 아카데미, 대학 등 전문 교육기관을 통해 누구나 레코딩 엔지니어링을 배울 수 있게 됐다. 일반적으로 교육기관에서 기술과 이론을 익힌 다음 실전 지식과 경험은 프로덕션현장의 인턴과정이나 취업을 통해 쌓게 된다.

하지만 스튜디오에서 필요한 인력은 한계가 있어 직접 스튜디오를 세팅하고 운영하는 사람들이 점차 늘어났고, 근래에는 전문 엔지니어가 되려는 학생보다 창작과 프로덕션을 위해 엔지니어링을 배우려는 학생들이 대부분이다.

2) 도제식

전통적 방법인 도제(스승과 제자) 관계를 통해 전문 엔지니어로 성장하는 것이다. 입문자는 레코딩 엔지니어나 믹싱 엔지니어와 도제 관계를 맺어 오랜 시간 멘토의 경험과 지식을 몸에 익힌다. 인턴이나 어시스트 엔지니어과정 동안 레코딩 엔지니어가 되기 위한 준비를 하고, 레코딩 엔지니어로 다년간의 경력을 쌓으면서 믹싱 엔지니어가 되기 위한 과정을 밟는다.

필자도 오랜 기간 동안 도제 관계로 엔지니어링을 배웠는데 대부분의 도제식이 그렇듯 체계적인 지식 전달 시스템의 부재, 모호한 교육과 근로의 범위, 열악한 근로 시간과 조건, 양성 가능인원의 제한 등 많은 한계가 있음을 느꼈다. 하지만 엔지니어링 직업의 특성상 앞으로도 꾸준히 도제식 체계를 통해 전문 인력이 나올 것으로 예상한다.

3) 자기주도

지금 이 시간에도 엄청난 양의 지식이 온라인으로 쏟아져 나오고 있다. 음악도 예외는 아니어서 인터넷의 멀티미디어 자료를 통해 누구나 필요한 지식을 습득할 수 있다. 자신의 음악을 믹싱하려는 창작자는 이러한 방식으로 충분한 시간적 여유를 가지면서 자신만의 노하우를 쌓아갈 수도 있다.

일례로, 그래미어워드 믹싱 엔지니어 Mick Guzauski는 아카데미에서 교육을 받은 적도, 제대로 된 스튜디오에서 일을 배운 적도, 다른 엔지니어의 보조엔지니어를 한 경험도 없이 오직 자신의 노력만으로 Mariah Carey, Eric Clapton, Daft Punk, Earth, Wind & Fire 등 유명 아티스트의 음반 녹음과 믹싱을 했고 그래미어워드를 수상했다 [01].

제작과정에서의 믹싱

믹싱에 관해 본격적으로 설명하기 전에 우선 앨범 제작과정을 살펴볼 필요가 있다. 앨범 제작단계를 훑다 보면 믹싱과정에서 이뤄야 할 목표가 더욱 뚜렷해져 결과물에 대한 완성도를 높이는 데 도움이 된다.

필자도 글로벌 유통사의 레코딩스튜디오 책임자로 근무하면서 전 세계 음반시장의 흐름을 배울 기회가 있었다. 그 과정에서 제작업무 외에도 국내외 앨범의 기획, 유통, 홍보 등 관련 부서와의 업무공유를 통해 음악시장을 좀 더 넓게 바라볼 수 있는 시야를 갖게 되었고 결과적으로 믹싱과정에 대한 폭넓은 이해에 큰 도움이 되었다.

이 장에서는 앨범 제작과정과 그 흐름을 살펴보고 대중음악 믹싱과정의 배경지식을 알아보도록 한다.

앨범 제작과정

그림 1-1 단계별 앨범제작과정

위의 그림은 아티스트에서 시작하여 소비자까지 이르는 일반적인 앨범 제작과 유통단계를 나타내고 있는데 제작환경에 따라서 순서가 바뀌는 경우가 많다. 이를테면 제작 투자가 먼저 이루어지고 그에 맞는 아티스트를 찾아 앨범을 기획하거나, 역으로 탄탄한 기획력을 바탕으로 투자를 받은 뒤 아티스트를 선발하기도 한다.

투자는 제작사의 상황에 따라 다양한 방법으로 이루어지는데 과거에는 단순히 앨범 제작과 홍보 비용을 투자받았다면, 현재는 음반, 공연, 매니지먼트 등 아티스트의 모든 콘텐츠가 투자의 대상이 되면서 그 개념이 확대되었고 투자자도 음원유통사 외에 콘텐츠 기업, 플랫폼 기업 등 콘텐츠 관련 업체로 그 폭이 넓어졌다.

제작 투자 혹은 외부 투자가 필요하지 않을 경우에는 바로 '음악 제작' 단계로 들어간다. 기획단계에서 세운 계획을 바탕으로 음악을 만드는 실제적 단계로 넘어가게 되는데 믹싱은 바로 이 단계에 포함되어 있다. 다음에서는 세분화된 음악 제작과정을 살펴보기로 한다.

음악 제작과정

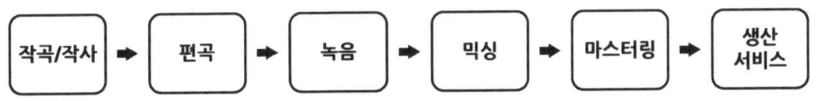

그림 1-2 단계별 음악제작과정

    음악 제작과정도 앨범 제작과정처럼 예외가 있지만 보통 위와 같은 과정을 거친다.

    제작사는 창작자의 데모곡을 기준으로 선곡을 하고 실제적인 음악 제작을 시작한다. 선택한 곡을 아티스트가 불러보거나 가녹음을 하면서 자신에게 맞는 조성(key)을 정하고 편곡을 한다.

    편곡에 따라 어쿠스틱 연주가 필요할 때는 연주자를 섭외하여 녹음하고, 미디 프로그래밍으로 이루어진 경우라면 바로 보컬 녹음단계로 넘어간다. 리드보컬 녹음 외에 추가적인 더빙 보컬이나 백그라운드보컬을 끝으로 녹음은 마무리된다.

    녹음이 끝나면 후반작업을 진행하는데 보컬 피치 수정, 노이즈 제거, 리듬 수정 등 편집과정을 거친 보컬트랙들과 사운드소스를 가지고 믹싱을 시작한다. 믹싱에서는 악기와 보컬의 밸런스를 맞추고 다양한 음향적 효과를 더해 완성도 높은 사운드를 만든 다음 믹스를 프린트한다.

    프린트한 여러 곡의 오디오 믹스를 모아 다시 음색을 조정하고 곡들 사이의 간격과 레벨을 맞추며 정해진 곡 순서에 따라 오디오 마스터를 만든다. 이 과정을 마스터링이라 하고, 이렇게 만들어진 오디오 마스터는 CD, LP와 같은 실물음반을 위한 또 다른 마스터나 mp3, flac과 같은 데이터 형식으로 변환하여 기획사에 전달함으로써 음악 제작과정은 모두 마무리된다.

믹싱 방식

믹싱은 DAW와 믹서의 역할에 따라 세 가지 방식으로 나눌 수 있다. 믹서에서 대부분의 음향처리를 하는 전통적인 믹서 중심, DAW 내에서 믹싱하고 출력하는 인더박스 믹싱, DAW와 아날로그 믹서를 동시에 사용하는 하이브리드 방식이 그것이다.

믹서 중심

DAW에서 사운드소스를 재생하고 믹서의 지정된 채널로 보내면 믹서에서 음향처리를 하는 전통적인 믹싱 방식이다. 대형 믹서의 경우 프리앰프, 이퀄라이저, 컴프레서 등 음향처리장치가 장착되어 있어 레코딩, 믹싱, 음향처리, 모니터링을 한곳에서 집중하여 처리할 수 있는 장점이 있지만 가격이 높고 넓은 공간이 필요하며 유지비용이 많이 드는 단점이 있다.

최근에는 믹싱이 끝난 뒤에도 수정을 요청하는 경우가 많아 믹서의 모든 파라미터 값을 다시 불러오는 '리콜recall'기능이 필수적이다. 디지털 믹서는 기본적으로 가능하게 설계되어 있지만, 아날로그 믹서의 경우 대형 아날로그 믹서에 옵션형태로 장착 가능한데 상당히 고가이고 이마저도 고장이 잦아 근래에는 사용빈도가 극히 낮다.

여러 단점에도 불구하고 대형 아날로그 믹서를 사용하는 이유는 밴드나 오케스트라처럼 동시에 많은 마이크를 사용해야 하는 녹음에서 각 채널에 장착된 프리앰프와 컴프레서, 이퀄라이저를 이용해 직관적으로 음향처리하기에 좋은 기능이 있고, 무엇보다 아날로그기기로 처리된 오디오신호의 특색, 가령 따뜻함이나 단단함, 혹은 자연스러운 왜곡 등 사운드의 독특한 매력을 사용자들이 선호하기 때문이다.

그림 1-3 믹서 중심

SolidStateLogic Origin 32채널 아날로그 믹서. 홍익대학교.

인더박스

인더박스InTheBox 믹싱은 오디오신호처리를 하는 DAW와 입출력을 담당하는 오디오 인터페이스만으로 구성된 믹싱 방식이다.

근래에는 컴퓨터 하드웨어 성능이 향상되고 상대적으로 저렴한 음악 소프트웨어와 플러그인이 대량으로 출시되어 전문가가 아니더라도 믹싱 작업에 대한 접근성이 좋아졌다. 프로그램 기반이므로 언제라도 '다시 불러오기'가 가능하며 모든 신호처리가 디지털 방식이라 오디오신호의 손실이 없는 반면, 디지털 음색과 인터페이스의 음색이 사운드 전체를 좌우하는 경향이 있다. 인더박스 믹싱에서는 컴퓨터의 성능이 처리 속도와 한계를 결정하기 때문에 복잡한 음향처리과정과 안정적인 시스템을 위해서는 고사양의 컴퓨터 시스템이 필요하다.

요즘은 노트북 컴퓨터성능이 비약적으로 향상되어 장소에 제한 없이 믹싱이 가능하지만 대신에 정확한 모니터링 환경이 요구된다. 필자도 간단한 믹싱의 경우에는 간혹 노트북 컴퓨터를 이용해 스튜디오 밖에서 처리하기도 했는데 헤드폰을 통한 모니터링이라는 한계로 결과물에 확신이 서지 않아 최종적으로는 스튜디오에서 마무리하고 있다.

그림 1-4 인더박스 믹싱
별도의 외부 장비 없이 DAW 내부 시스템으로만 구성된 믹싱 방식.

하이브리드

하이브리드hybrid 믹싱이란, DAW 사용을 극대화하는 인더박스 믹싱의 장점과 아날로그 음색과 질감을 얻을 수 있는 아날로그 믹서 사용의 장점만을 취하는 방식이다. 즉, 디지털로 음향처리를 하고 마지막에 아날로그 질감을 덧입혀 사운드의 개성을 얻을 수 있다.

그림 1-5는 필자가 사용하는 하이브리드 방식을 신호의 흐름에 따라 나타낸 것으로, 먼저 ProTools에서 모든 음향처리를 하고 인터페이스인 AVID 192 I/O를 통해 Chandler Mini Rack Mixer로 입력하여 믹서의 각 채널을 통과시킨다. 이때 눈여겨봐야 할 점은 믹서의 페이더를 기준레벨에 일정하게 맞춰놓고 음향처리 없이 단지 통과만 시키면서 믹서가 가진 독특한 아날로그의 질감을 얻는다는 점인데, 결과적으로 오디오신호에 아날로그 믹서의 느낌을 더함으로써 음악적으로 더욱 매력적인 소리를 만드는 과정을 거친다. 그리고 이것을 '아날로그 서밍analog summing'이라 한다.

혹자는 단순히 오디오신호가 아날로그 믹서를 거치는 것만으로 과연 의미가 있는 것인지, 그리고 디지털 신호 체계에서 벗어나는 것 자체가 오히려 오디오 음질에 손실을 가져오는 것은 아닌지 의구심을 나타내기도 한다. 이것에 대한 판단은 오직 음악적인 효과, 또한 믹싱 작업의 효율성을 중요한 판단 기준으로 세울 수 있다. 필자는 이런 관점에 근거하여 하이브리드 시스템은 이 둘을 얻을 수 있는 효과적이며 현실적 방법이라 생각한다.

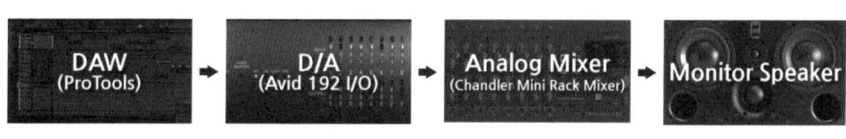

그림 1-5 하이브리드 믹싱

필자가 사용하는 시스템으로 DAW에서 출력된 오디오신호가 아날로그 믹서를 거쳐 스피커로 출력된다.

믹싱 시스템

  음악 믹싱 시스템을 갖추려면 컴퓨터, 오디오 인터페이스, 모니터링 장치 등의 하드웨어와 DAW 프로그램과 같은 음악 소프트웨어가 필요하다. 하드웨어와 소프트웨어는 종류와 사양이 광범위하여 모든 제품을 파악하기 어렵기 때문에 주로 인더박스 믹싱에 필요한 시스템을 중심으로 살펴보기로 한다.

  하드웨어와 소프트웨어를 선택할 때 우선 고려해야 할 점은 컴퓨터의 처리 능력, 시스템의 음질과 사용상 편의성, 시스템 간 호환성 등이 있다. 운용 능력은 컴퓨터 성능이 지배적이고, 사운드의 음질은 오디오 인터페이스가 큰 역할을 하며 편의성과 호환성은 컴퓨터 시스템의 OS와 DAW에 따라 좌우된다. 특히 상호 호환성이 중요하기 때문에 컴퓨터 사양, 운영체계인 OS와 버전, DAW와 버전을 반드시 확인한다.

하드웨어

∞ 컴퓨터

DAW를 구동하기 위한 필수적인 하드웨어로서 원활한 믹싱을 위해서는 고성능의 프로세서, 충분한 메모리와 저장용량이 요구되고 그에 따라 음향처리의 범위와 속도가 달라진다. 컴퓨터 시스템은 macOS 기반의 Mac과 Windows의 PC로 양분되어 있는데 DAW와의 조합을 고려하여 선택한다.

그림 1-6 컴퓨터 운영체제(OS)
Windows와 macOS.

하드웨어와 소프트웨어는 새 제품 출시와 업데이트 주기가 빨라서 컴퓨터 시스템의 사양, OS의 종류와 버전, DAW의 종류와 버전을 확인하여 서로의 호환성을 반드시 체크한다.

∞ 오디오 인터페이스

오디오 인터페이스의 기능은 크게 두 가지다. 마이크와 라인으로 들어오는 오디오신호를 증폭하는 '프리앰프 기능'과 오디오 입력신호를 DAW로 전송하거나 DAW에서 재생된 오디오신호를 외부로 출력하는 '입출력 기능'이다. 두 기능 모두 오디오의 품질을 결정짓는 중요한 역할을 한다.

그림 1-7과 같이 제품마다 컴퓨터와 인터페이스를 연결하는 방식, 인터페이스에 전원을 공급하는 방법, 오디오 입출력 수, 오디오 인터페이스의 소프트웨어 드라이버 등이 제각기 다르다.

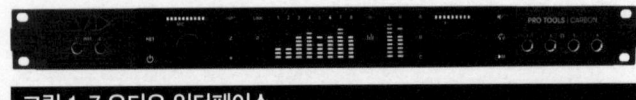

그림 1-7 오디오 인터페이스

Universal Audio ApollosTwin X(좌), Windows와 macOS 모두 사용 가능한 오디오 인터페이스로 컴퓨터와 연결하는 방식에 따라 Thunderbolt 와 USB 모델을 선택할 수 있다. AVID Carbon(우), macOS 전용 오디오 인터페이스. 컴퓨터와 Ethernet으로 연결한다.

∞ 모니터 스피커

오디오 인터페이스를 통해 출력된 신호는 모니터 스피커를 통해 재생되므로 모든 사운드의 판단 기준이 된다. 올바른 모니터 스피커를 선택하기 위해서는 정확하고 평탄한 주파수 특성, 높은 해상도, 낮은 왜곡, 공간에 비례한 스피커 크기, 이퀄라이저와 같은 부가기능, 입력단자의 호환성 등을 고려한다. 모니터 스피커에 관해서는 1장의 '스튜디오 음향'과 '모니터'에서 상세히 다루었다.

소프트웨어

∞ DAW(Digital Audio Workstation)

DAW는 음악 믹싱을 위한 핵심 프로그램으로 제조사마다 다양한 특징이 있다. 대표적인 DAW로는 Pro Tools, Ableton Live, Logic Pro, FL Studio, Cubase 등이 있고, 이들의 주된 기능은 멀티트랙 레코딩, 편집, 믹싱, 시퀀싱 등이다. DAW 선택의 중요한 기준으로는 사용자 인터페이스, 강력한 믹싱 기능, 다양한 플러그인과 하드웨어 간의 호환성, 프로그램 안정성 등이 있다.

- Pro Tools는 오디오 레코딩과 믹싱에 최적화되어 있어 전문 레코딩 스튜디오에서 가장 많이 사용한다. 특히 Avid Pro Tools HDX라는 독립적인 하드웨어와 연동하여 보다 높은 음향처리 능력을 가진다.
- Logic Pro는 Mac 전용 소프트웨어로 편리한 인터페이스와 여러 가상악기 및 이펙트를 제공하며 애플 제품과 연동하기 쉬워 Mac 사용자들에게 많은 호응을 얻고 있다. 80G에 달하는 사운드 팩을 무료로 제공하기 때문에 드럼 키트부터 신디사이저, 관악기, 현악기까지 모든 장르에 대응할 수 있는 소스가 자체 내장되어 있다.
- Ableton Live의 인터페이스는 직관적이고 쉽다. 루프 기반 작업을 위한 Session View와 세밀한 믹싱을 위한 Arrangement View를 가지고 있고, 샘플 루핑 기능을 활용한 신속한 작업이 가능하다. 또한 MIDI 컨트롤러와 연동하여 라이브 공연에 적합한 기능을 제공한다.
- Cubase는 다양한 MIDI 편집 기능 제공으로 작곡 및 편곡에 적합하고 VST Instrument Rack 기능을 활용하여 가상 악기를 수월하게 제어할 수 있다. 또한 입력된 미디 노트에 대한 세밀하고 다양한 컨트롤 기능이 우수하다.
- FL Studio는 사용하기 쉬운 인터페이스와 다양한 가상 악기 및 이펙트를 제공하고 높은 실시간 처리 능력과 루핑 및 샘플링 기능으로 신속한 작업이 가능하다.

8 플러그인

플러그인plugins은 호스트 프로그램이나 어플리케이션에 사용하는 추가적인 소프트웨어로 호스트 프로그램의 기능을 확장한다. 믹싱에는 이퀄라이저, 컴프레서, 리버브, 딜레이와 같은 오디오 이펙트 플러그인이 주로 사용되지만 유형에 따라 그 종류가 매우 다양하다. 아래에서는 플러그인의 유형과 DAW와 동작하는 플러그인의 형식을 알아보기로 한다.

1) 플러그인 유형

- 가상 악기 플러그인: 실제 악기 소리를 모방하거나 새롭게 소리를 생성하는 플러그인으로 신디사이저, 샘플러, 드럼머신 등이 있다.
  예) Serum, Studio Drummer, Trilian 등
- 미디 이펙트 플러그인: 미디 데이터를 생성, 변형, 조작하여 처리하는 플러그인.
  예) 아르페지에이터, 코드트리거, 스크립터 등
- 오디오 이펙트 플러그인: 오디오신호를 처리하거나 이를 이용하여 효과를 만드는 플러그인.
  예) 이퀄라이저, 컴프레서, 리버브, 앰프 에뮬레이터 등

2) 플러그인의 형식

- VST(Virtual Studio Technology): Steinberg사에서 개발하였고 가장 널리 사용되는 플러그인 형식 중 하나로, Windows와 macOS를 지원하고 가상악기와 오디오 이펙트 모두 가능하다.
- AU(Audio Units): Apple에서 개발한 macOS와 iOS 시스템 전용 플러그인 형식으로, 가상악기와 오디오 이펙트 모두를 지원한다.

- AAX(Avid Audio Extension): Avid에서 개발한 DAW인 'ProTools' 전용 플러그인 형식으로, Pro Tools 사용자에게 최적화된 성능과 기능을 제공한다. 가상악기와 오디오 이펙트 모두 가능하며, AAX DSP와 AAX Native 두 가지 버전이 있다.

이외에 각 시스템을 연결하는 오디오 케이블도 주의 깊게 살펴봐야 한다. 오디오 케이블은 단순히 오디오신호만을 전달하므로 신호에 이상이 없으면 대수롭지 않게 생각하는 경향이 있는데, 오디오신호의 품질을 결정짓는 중요한 역할을 하는 경우가 많으므로 케이블의 용도, 길이, 노이즈 방지, 내구성 등을 세심하게 확인한다.

믹싱 장치 간의 연결 케이블은 잡음의 간섭제거와 높은 신호대 잡음비를 위해 밸런스**balanced** 형태의 XLR나 TRS 케이블을 사용하고, 디지털 장치 간의 신호는 반드시 Optical, Coaxial, USB 등으로 전송한다.

오디오미터

오디오신호의 레벨을 청각으로만 판단하는 것은 너무도 주관적이기 때문에 이를 시각화된 정보로 바꿔 객관적 수치로 나타낼 필요성이 요구되었다. 이러한 이유로 다양한 오디오미터 **audio meter**가 출시되었고, 음악과 같이 복잡한 주파수와 불규칙한 다이내믹을 가진 오디오신호는 VU, PPM을 이용해 신호의 평균레벨, 순간 피크레벨을 분석하였다.

이후 대부분의 음향장치들이 디지털 방식으로 전환하면서 노이즈가 극적으로 감소하고 다이내믹 레인지가 놀랄 만큼 개선되어 0dBFS 이상의 클리핑 방지와 믹스레벨을 확인하는 정도로 의존도가 낮아졌다. 또한 오디오신호를 디지털 방식으로 정확히 측정할 수 있게 되면서 디지털 피크미터, 라우드니스미터, RMS미터가 PPM, VU를 대신하게 되었다.

그림 1-8 오디오미터
믹서의 상단에 위치하여 채널의 입출력 신호 레벨을 나타낸다. SolidStateLogic Origin.

필자의 경우 믹싱 시작 단계에서는 직관적이고 익숙한 디지털 VU미터로 초기 밸런싱과 게인스테이징을 하고, 각 소스를 음향처리하는 단계에서는 '디지털 피크미터'의 붉은색 경고등으로 클리핑 여부를 점검한다. 마지막으로 스테레오버스에 트루피크미터와 라우드니스미터를 거쳐 믹스레벨을 확인하고, 동시에 RMS미터로 믹스의 평균 다이내믹 정도를 살펴본다. 믹싱에 적용하는 오디오미터의 수치에 관해서는 2장 '게인스테이징'과 '믹스레벨'을 참조한다.

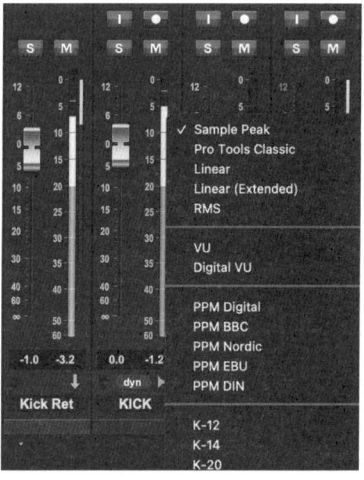

그림 1-9 DAW 오디오미터
각 트랙의 오디오미터를 선택할 수 있다.

VU/SVI(Volume Unit, Standard Volume Indicator)

VU미터는 반응시간이 약 300ms로 설정되어 오디오신호의 레벨을 평균화하여 나타낸다. 음악처럼 복잡한 오디오신호에서는 바늘의 움직임이 소스와 음량loudness의 상관관계를 잘 나타내어 인간이 인지하는 방식과 유사하게 신호를 해석하도록 고안되었다. 따라서 킥드럼이나 스네어처럼 트랜지어트가 짧고 빠른 소스에는 약하게 반응하고, 베이스기타나 피아노처럼 서스테인이 길고 연속적인 신호를 가진 소스에는 강하게 반응한다. 아주 빠른 피크신호는 감지하기가 힘들어 이를 보완하기 위해 그림 1-10의 우측 그림과 같이 피크 센서 LED를 넣어 피크신호를 알려주도록 개량된 제품도 있다. VU미터의 스케일은 일반적으로 −20dB부터 3dB까지 표시되며, 아날로그 장비의 경우 0VU는 일반적으로 +4dBu를 기준 레벨로 설정한다.

그림 1-10 VU미터

오디오신호의 평균 레벨을 반영하여 다이내믹 특성을 잘 나타낸다. 아날로그 VU미터 Tube-Tech CL1B(좌)와 디지털 VU미터 Waves VU meter 플러그인(우).

PPM (Peak Program Meter)

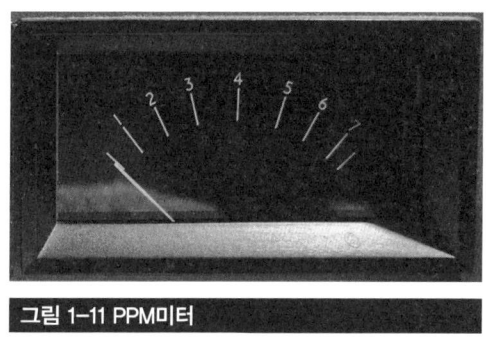

그림 1-11 PPM미터

아날로그 Quasi-PPM미터(영국 방식).

　　PPM은 순간 최고 레벨을 표시하며 반응속도는 약 10ms로 VU보다 상당히 빨라 신호의 피크를 확인하는 데 유리하다. 하지만 실제 신호의 파워나 인식되는 음량과는 크게 상관이 없어 주로 신호의 클리핑과 헤드룸 확인에 유용하다. 같은 악기라도 PPM과 VU는 다른 분석값을 보여주기 때문에 두 미터의 특징을 잘 알고 동시에 읽을 수 있어야 한다.

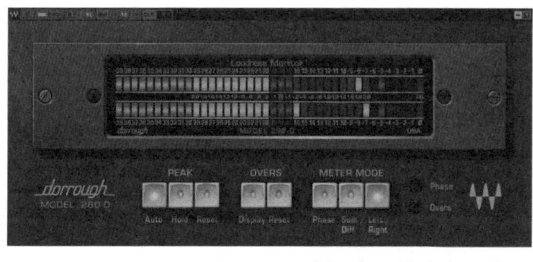

그림 1-12 플러그인미터

신호의 피크레벨(Peak미터)과 평균레벨(VU미터)을 동시에 나타내고 있다. Dorrough model 280-D 플러그인.

디지털 오디오미터

아날로그 방식의 오디오미터는 아날로그 전압레벨을 측정하기 때문에 '샘플링 레이트sampling rate'와 '비트 뎁스bit depth'로 정의되어 있는 디지털 오디오신호를 측정하기에는 적당하지 않아 'dBFS(Decibels relative to Full Scale)' 단위로 되어있는 디지털 오디오미터를 사용한다. dBFS는 최대 피크신호인 0dBFS를 기준으로, 기준점 이하 정렬된 음수형태로 남은 여유 레벨, 즉 '마진margin'을 표시한다. 0dBFS 이상은 클리핑이 발생하기 때문에 이 기준을 넘지 않도록 주의한다.

일반적인 DAW나 디지털 하드웨어는 간단한 'Digital Sample Peak meter'가 제공되는데 이것으로는 실제 샘플과 샘플 사이에서 발생하는 피크인 'Inter-Sample Peak'를 정확하게 측정하기 어렵다. 따라서 국제전기통신연합ITU(International Telecommunication Union)에서는 최소 4배 이상 오버샘플링 **oversampling**한 '트루피크미터true peak meter' 사용을 권한다.

참고로 디지털시스템과 아날로그시스템 간의 레벨 변환에 관한 기준으로 미국 방송표준은 −20dBFS(=+4dBu, SMPTE RP155), 유럽은 EBU에서 권하는 −18dBFS(=0dBu, EBU R68-2000)을 사용한다. 일반 스튜디오의 경우에는 −16dBFS~−20dBFS 사이에 맞추는데 이것은 스튜디오마다 0VU의 기준이 다르기 때문이다.

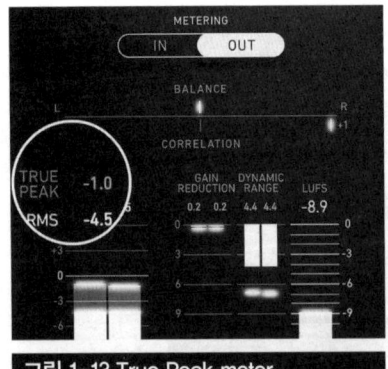

그림 1-13 True Peak meter

True Peak(Inter Sample Peak, TP) 감지를 통해 정확한 리미터 기능을 제공한다. Brainworx bx_limiter True Peak 플러그인.

라우드니스미터

TV, 라디오 등 다양한 매체 혹은 프로그램마다 음량차이가 발생하고 음원끼리 경쟁적인 음량 키우기 등으로 인해 청취자에게 많은 불편을 초래하게 되었다. 이를 해결하고자 국제전기통신연합ITU에서 2006년 6월 객관적이고 신뢰할 수 있는 음량측정을 위해 라우드니스미터링 알고리즘 방식에 관한 기술표준(ITU-R BS.1770)을 발표하였다. 이 기준에 근거한 '라우드니스미터loudness meter'는 특정 알고리즘에 의해 오디오신호, 음악 혹은 방송 프로그램의 오디오 레벨을 사람에게 인식되는 주관적인 음량으로 측정하여 LUFS(Loudness Unit relative to Full Scale)단위로 나타낸다.

이후 이 기술 표준은 전 세계 대부분의 방송사에서 채택되어 엄격히 지켜지고 있는데, 유럽은 LUFS 단위(방송기준레벨: -23LUFS [02], -1dBTP)를, 미국은 LKFS(Loudness, K-weighted, relative to Full Scale, 방송기준레벨: -24LKFS [03], -2dBTP) 단위로 각 지역에 맞는 적용지침을 따르고 있다. LUFS와 LKFS는 같은 방식으로 작동하고 거의 동일한 사양을 가지고 있으며 한국은 관련법 [04]에 의해 방송표준으로 -24LKFS를 사용하고 있다.

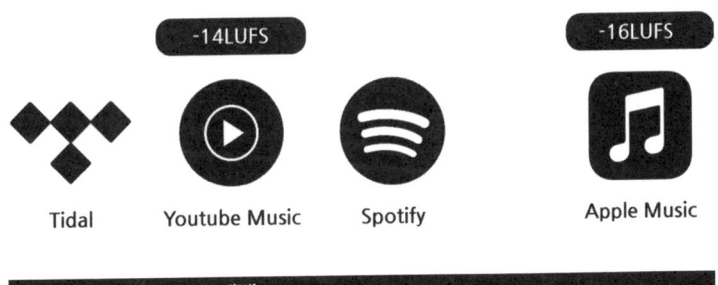

그림 1-14 기준 LUFS 레벨

서비스사별로 음원을 재생하는 기준 LUFS 레벨이 서로 다르다.

하지만 음원은 방송프로그램과는 다르게 정해진 목표 음량 레벨target loudness level이 없기 때문에 아직도 최대 음량을 목표로 하는 경우가 대부분이다. 이러한 이유로 음원 서비스사는 자신들이 제공하는 음원을 동일한 음량으로 맞추기 위해 각자의 기준으로, 가령 Tidal, Amazon Music, YouTube, Spotify 등은 -14 LUFS로, Apple Music은 -16 LUFS로 서비스하고 있다.

믹싱과정에서는 라우드니스미터를 최종 스테레오버스에 연결해서 확인하며 대표적인 플러그인으로는 iZotope Insight2, Waves WLM Plus Loudness Meter, ADPTR Streamliner 등이 있다. 특히 ADPTR Streamliner는 기존 발매된 음원과 비교가 가능하고 서비스업체별 예상 음량을 확인할 수 있는 기능이 있다.

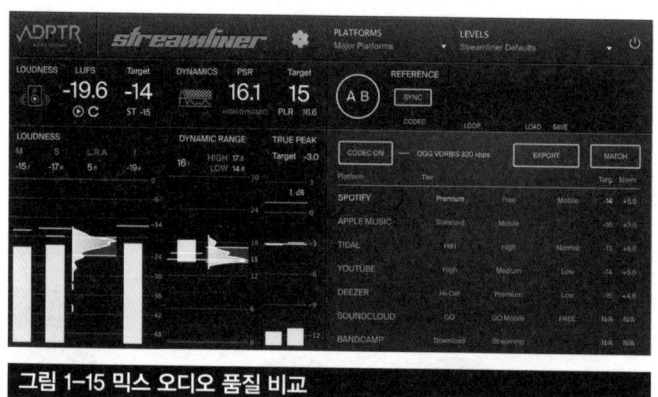

그림 1-15 믹스 오디오 품질 비교

YouTube 등 음원 서비스업체에서 제공하는 스트리밍 오디오형식으로 믹스 모니터링이 가능하다. ADPTR Streamliner 플러그인.

라우드니스미터는 다음과 같은 측정 모드로 나뉜다.

① Momentary Loudness: 400ms의 순간 음량을 측정한 값

② Short Term Loudness: 3초간의 음량을 평균화한 값

③ Integrated Loudness(Long Term Loudness): 곡 혹은 방송 프로그램 전체의 음량을 평균화한 값

④ Loudness Range(LRA): 곡 혹은 방송 프로그램 안에서 가장 조용한 부분과 가장 큰 부분의 사이의 범위

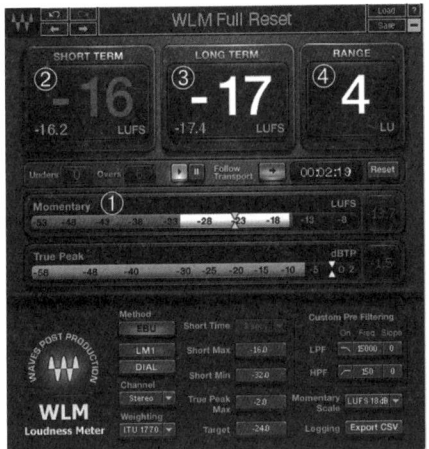

그림 1-16 라우드니스미터

ITU-RBS.1770-3, EBU R 128, ATSC A/85 등 여러 음량측정표준을 기준으로 정확한 믹스 음량을 측정한다. Waves WLM Loudness meter 플러그인.

● Loudness Normalization

'Loudness War'란, 음량이 클수록 곡이 더 좋게 들리는 착각을 일으키기 때문에 '과도한 압축으로 최대 레벨(0dBFS)까지 높이려는 현상'을 마치 음원 사이의 음량전쟁으로 비유한 용어로써, 한때 전 세계 대중음악계의 큰 이슈였고 아직도 '전쟁'은 끝나지 않은 듯하다. 하지만 이런 현상과 관련하여 법적 규제(Commercial Advertisement Loudness Mitigation Act)가 마련되고 Loudness Normalization이 도입되면서 그 분위기가 서서히 변하고 있다. 특히 방송사에서는 기준이 엄격하게 지켜지면서 프로그램마다 동일한 음량을 갖게 되었고, 음악서비스 분야에서도 정해진 기준 레벨에 따라 음악을 서비스

하고 있다. 예를 들면 애플의 경우 음악 앱의 '사운드 자동 조절(on/off 기능)' 기능이 곡의 평균 음량 메타데이터를 계산하여 곡마다 동일한 음량으로 재생되도록 하고 있다. 따라서 과도하게 압축해 큰 음량으로 마스터 된 음악은 오히려 레벨이 줄어드는 결과를 가져와 음악이 밋밋하거나 다이내믹이 떨어지는 경우가 발생한다. 이러한 부분을 믹싱이나 마스터링에서 반드시 고려하여 작업해야 한다.

스튜디오 음향

스튜디오의 컨트롤 룸(모니터링 룸)은 올바른 음악적 결정을 내릴 수 있도록 왜곡 없이 고른 주파수 스펙트럼 반응을 가진 음향 환경이 필요하다. 여기에는 공간이 가지고 있는 모양, 크기, 벽과 바닥의 재질과 같은 음향조건들이 반사와 같은 물리적 현상과 연관되어 중요한 변수가 된다. 이 장에서는 스튜디오 음향에 영향을 주는 공간적 요소와 문제점을 알아보고 그 해결방법을 설명하고자 한다.

반사

스튜디오에서 음악을 들을 때는 모니터 스피커에서 발생하는 '직접음direct sound'과 물체나 벽에 반사되어 돌아오는 '반사음reflections'을 동시에 듣게 된다. 이 음향 반사는 '초기 반사early reflections'와 '잔향reverberant sound'으로 나뉘며, 적당한 반사는 음악을 더욱 생기 있고 현실적으로 들리게 하지만 과도한 반사는 오히려 소리를 왜곡하고 착색시켜 스테레오 이미지를 흐리게 한다. 특히 작은 공간은 큰 공간에 비해 반사되는 소리의 레벨이 높고, 더 빠르게 돌아온다.

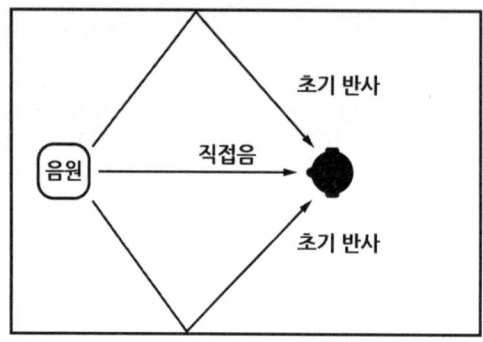

1-17 소리의 반사
실내 공간에서 발생하는 소리는 직접음, 초기반사, 잔향으로 나뉜다.

컨트롤 룸(모니터링 룸)의 잔향시간은 약 0.4ms [05]이 적당하지만 짧은 잔향시간으로 인해 직접음과 반사음의 시간차가 적어 이 둘을 구분하기 쉽지 않다. 직접음은 스피커의 사양과 품질이 좌우하지만 반사음은 스튜디오의 음향 환경에 의해 결정되기 때문에 좋은 모니터 스피커를 선택하는 것만큼이나 최적의 음향 환경을 만드는 것도 중요하다.

혹자는 반사음 없이 직접음만 듣는다면 더 정확한 믹싱이 가능하다고 여길지도 모르겠다. 그러나 반사음이 느껴지지 않으면 마치 무반향실 anechoic room처럼 그곳에 있는 것 자체가 현실과 괴리감이 있어 믹싱 자체가 힘들다. 무엇보다 일반 청취자는 차 안이나 방처럼 항상 반사음이 존재하는 평범한 환경에서 음악을 듣기 때문에 믹싱도 자연스러운 반사음이 존재하는 음향 환경에서 하는 것이 맞다.

흡음과 확산

스튜디오 음향을 개선하려면 '흡음absorption'과 '확산diffusion' 두 가지 방법을 병행한다. 흡음은 소리를 반사하지 않고 흡수하거나 통과시켜 소리 에너지를 감소시키는 것을 말하며 주로 흡음재를 이용해 반사음을 줄인다. 이에 비해 확산은 디퓨저diffuser를 이용해 소리가 어느 한 곳에 집중되지 않고 실내 공간 전체에 고르게 분산되어 특정 주파수가 과장되거나 부족하지 않도록 한다.

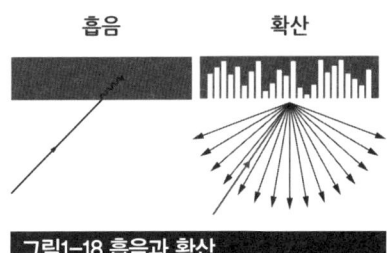

그림1-18 흡음과 확산

스튜디오 음향은 흡음과 확산을 통해 개선한다.

그림 1-19와 같이 스피커 옆이나 뒤로 반사된 ①초기 반사가 다시 스피커 앞으로 돌아오지 않도록 스피커의 뒤쪽과 작업자의 옆면은 흡음 위주로 설치하고, 앞으로 출력된 소리는 작업자를 지나 작업자의 뒤쪽 벽면에 설치된 ②디퓨저로 자연스러운 확산을 유도한다. 이와 함께 각 모서리에는 ③베이스 트랩을 설치해 증폭된 낮은 주파수대역을 감소시킨다. 하지만 크기가 작은 방의 경우에는 디퓨저가 너무 가깝게 설치되기 때문에 그 효과가 불확

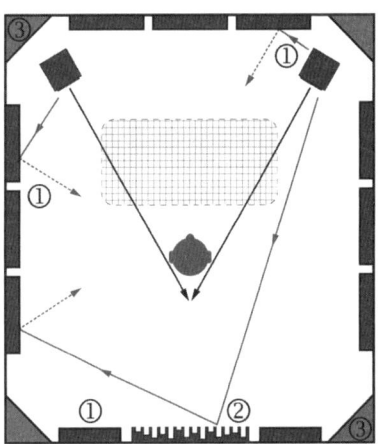

그림 1-19 스튜디오 음향

작업자를 기준으로 ①좌우 양쪽, 스피커 뒷면은 주로 흡음재를 설치하고 ②작업자의 뒤쪽 벽에는 디퓨저를, ③벽과 천장이 닿는 모서리는 베이스트랩을 시공한다.

실하므로 디퓨져 대신 소파와 같은 가구를 두어 흡음제 역할을 하는 것이 더 효과적이다.

이렇듯, 공간의 크기와 환경에 따라 방의 중심을 기준으로 앞뒤의 음향조건을 달리하여 소스의 위치에 따라 특성이 달라지는 '방향성 있는 음향환경 directional acoustics'을 만드는 것이 좋다. 이것은 초기반사음을 억제하고 직접음과 반사음의 시간차를 두어 명료도와 스테레오 이미지를 향상시킬 뿐만 아니라 자연스럽고 음악적인 공간 음향의 품질을 높이는 데 목적이 있다.

그림 1-20 디퓨져

모니터 스피커의 맞은편은 소리의 확산을 유도하기 위해 디퓨져가 설치되어 있다. 사운드풀 스튜디오(좌), 루이 스튜디오(우).

음향 문제

∞ 콤필터링

콤필터링 comb filtering은 두 오디오신호가 시간지연으로 서로 겹쳐질 때 발생하는 현상으로, 스튜디오에서는 작업자에 근접한 벽이나 가까이에 있는 물체에 의한 '초기 반사'와 스피커에서 재생되는 '직접음' 사이의 미묘한 시간차로 인해 발생한다. 콤필터링은 선명도를 저하시키고 정확한 스테레오 이미지 형성을 방해한다.

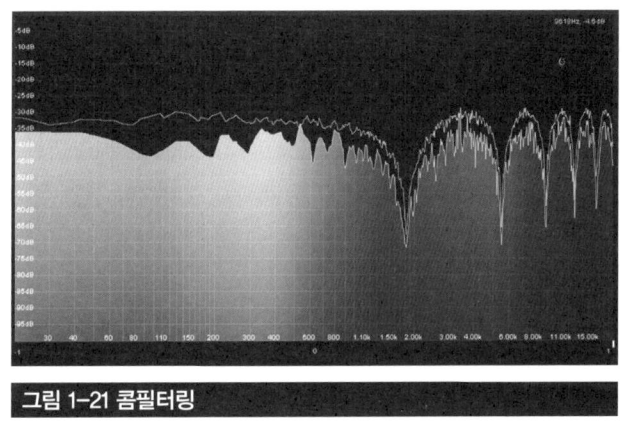

그림 1-21 콤필터링

백색소음으로 시간차를 이용하여 콤필터링효과를 보여주고 있다.

벽에 의한 초기 반사를 제어하려면 흡음 패널을 작업자의 머리 높이로 측면 벽에 부착하는 것이 효과적이다. 흡음 패널은 사용목적, 사용 위치, 주파수대역 등에 따라 다양한 제품이 있으므로 조건에 맞는 제품을 선택한다.

두꺼운 커튼도 고주파의 흡음에 도움이 되지만 커튼의 크기나 재질 때문에 흡음량을 정확히 조절하기는 어렵다. 간혹 흡음재를 과도하게 설치해 중, 고주파대역이 급격히 줄어 상대적으로 저음역이 두드러지는 경우도 있으니 주의한다.

그림 1-22 흡음 패널

흡음은 주로 중, 고주파에 집중되어 있다. Artnovion Absorber, 루이 스튜디오(좌).
Vicoustic Cinema Round Premium(우).

모니터화면이나 믹서처럼 가까운 물체에 의해 콤필터링이 발생하는 경우에는 스피커와 화면 사이의 간격(그림 1-24 참조)을 조정하면서 초기 반사의 각도나 양을 확인한다. 데스크에 수건을 덮는 것도 효과가 있고, 물체의 모서리에 흡음용 패드를 붙여 감소시킬 수도 있다.

∞ 플러터에코

플러터에코flutter echo는 소리가 평행한 표면 사이에서 반복적으로 반사되며, 마치 펄럭이는 듯한 효과를 내는 음향 현상이다. 작은 공간에서는 '링-' 또는 '잉-' 하는 울림으로 들릴 수 있으며, 주로 중, 고주파수 대역에서 두드러진다. 벽과 천장처럼 마주 보는 구조를 가진 공간에서 쉽게 발생하며, 방뿐만 아니라 복도, 강당 같은 넓은 장소에서도 나타날 수 있다.

좌우 벽에서 발생한다면 작업자가 위치한 곳을 기준으로 한쪽에 흡음재를 넓게 붙이거나 커튼을 치는 것이 도움이 된다. 바닥과 천장에서 위아래로 발생하는 경우 바닥에 카펫을 깔아 해당 주파수의 소리 에너지를 흡수하는 방법으로 해결할 수 있다. 이때 두께는 두꺼울수록 효과가 좋고, 코팅 처리되지 않은 커튼이나 카펫을 사용하도록 한다.

참고로, 일반적인 흡음재의 흡음 계수absorption coefficient는 0.7~0.9 (70~90%를 흡음)이고 이는 5~10dB 정도의 소음 감소에 해당한다. 벨벳 커튼이나 두꺼운 카펫의 경우 1~4kHz 사이의 흡음 계수는 약 0.7이고 125Hz에서는 약 0.1 이하의 흡음 계수를 가진다[06]. 이는 저주파대역보다 고주파대역에서 더 효과적임을 알 수 있다. 흡음 계수는 1에 가까울수록 완벽한 흡음을 나타낸다.

8 정상파

스튜디오는 그 모양, 크기(가로, 세로, 높이), 재질 등 다양한 조건으로 인해 주파수 스펙트럼 반응에 변화가 생겨 그 공간의 음향적 특성을 만든다. 그중에서 밀폐된 공간 안에 마주하는 면의 길이와 관계있는 특정 저주파에 의한 '정상파standing wave'가 만들어진다. 정상파는 파동이 한 공간에서 왕복하면서 마치 기타줄처럼 제자리에서 진동하는 형태로 불균형한 주파수 스펙트럼을 만드는 원인이 된다.

그림 1-23 베이스 트랩
모서리에서 강조되는 낮은 주파수대역을 제어한다. Primacoustic MaxTrap(좌), RPG(우).

정상파를 효과적으로 제어하기 위해서는 흡음과 확산을 병행하는 것이 좋다. 약 300Hz 이하의 낮은 주파수는 파장이 길기 때문에 이 주파수대역을 흡음하려면 흡음재의 두께나 밀도를 높여야 한다. 하지만 벽면이나 천장에 두꺼운 흡음재를 보강하는 것은 쉽지 않기 때문에 먼저 저주파가 두드러지는 벽면이나 공간에 베이스 트랩bass trap을 설치해 저주파대역의 소리 에너지를 감소시키고, 나머지는 확산을 통해서 특정 주파수가 증폭 혹은 상쇄되지 않고 공간 전체로 분산되는 과정에서 에너지가 감소되도록 한다. 정상파를 줄이기 힘들다면 스피커나 작업자의 위치를 이동해 정상파의 영향을 덜 받도록 한다.

이외에도 균일한 주파수 스펙트럼 반응을 방해하는 오목한 구조의 건축형태는 피해야 한다. 인테리어에 집중하다 보니 벽면이나 방의 모양이 둥글고 오목한 모양이 되기도 하는데 이럴 경우 반사된 소리를 한곳에 집중시키므로 초점 근처에서는 음향적으로 심각한 문제가 발생할 수 있다.

음향 문제를 해결하기 위해 최종 출력 단계에서 이퀄라이저로 보정하는 경우가 있는데 이것은 오히려 상황을 더 복잡하게 만들 수도 있다. 기본적으로 작업자는 직접음과 반사음을 같이 듣기 때문에 실내 음향이 올바르지 않은 상태에서는 아무리 정확한 이퀄라이저로 조정하더라도 결국 실내 음향의 반응 특성을 바꾸지 못하고 오히려 직접음을 왜곡하는 결과를 가져온다.

모니터

명확한 모니터링 환경은 마치 운전할 때 넓고 깨끗한 시야를 확보하는 것에 비유할 수 있다. 제아무리 좋은 성능의 자동차라도 시야가 확보되지 않으면 운전하기 힘든 것과 마찬가지로 명확하게 들리지 않으면 원하는 사운드를 만들기 어렵다. 그러므로 무엇보다 우선해야 할 것은 성능 좋은 컴퓨터나 플러그인보다 올바른 모니터링 환경을 만드는 것이다. 스튜디오에서 만족할 만한 사운드를 얻었다 해도 스튜디오 밖에서 차이가 크다면 그 과정과 결과에 대한 신뢰가 낮아지고, 오랜 시간 동안 노력해도 의도한 결과물을 만들지 못할 우려가 있다.

프로페셔널 믹싱 엔지니어의 믹스와 비교했을 때 생기는 차이는 기술과 경험에서 비롯할 수도 있지만, 어찌 보면 그들이 들을 수 있는 것을 듣지 못하거나 왜곡해서 듣는 것에 원인이 있을지도 모른다.

모니터 스피커 선택

좋은 모니터 스피커의 기준은 다양하겠지만 필자가 생각하는 좋은 모니터 란 바로 '자신의 성향에 맞는 모니터'다. 대중적으로 유행하는 모델이라도 항상 내게 맞는 것은 아니므로 내가 추구하는 음악의 사운드를 잘 표현하거나 편하게 작업할 수 있는 모델을 선택해야 한다. 필자의 경우 다양한 장르의 음악을 믹싱하기 때문에 색깔이 강하지 않고 평탄한 주파수 특성을 가진 모니터를 선호한다.

자신에게 맞는 모니터를 선택하려면 우선 들어봐야 한다. 가능하면 자신의 스튜디오에서 들어보는 것이 가장 정확하겠지만 여의치 않다면 판매처나 주변에 해당 제품을 사용하고 있는 지인을 통해 반드시 들어보고 판단한다.

자신에게 맞는 모니터를 선택하기 위한 체크리스트는 다음과 같다.

- 스피커의 사이즈가 내 스튜디오의 크기에 맞는가.
  큰 사이즈의 스피커로 작게 듣는 것도, 작은 스피커로 크게 듣는 것도 올바른 방법은 아니다. 각자의 스튜디오 크기에 맞는 스피커를 고른다.
- 전 주파수대역에 걸쳐 고른 주파수 응답 특성을 가졌는가.
  스피커마다 재생되는 출력과 주파수범위가 다르므로 꼭 들어본 뒤 판단하고, 전 주파수대역에 걸쳐 어느 한쪽에 치우치지 않는 평탄한 주파수 응답 특성을 가진 스피커인지 확인한다.
- 레벨의 변화에도 항상 동일한 특성을 보이는가.
  레벨이 클 때와 작을 때 모두 동일한 주파수와 출력 반응을 보이는지 확인한다.

듣기 테스트를 할 때에는 내가 가장 잘 아는 음악으로 듣되 mp3 파일은 제외하고 CD나 고음질 레퍼런스 음악으로 확인한다.

> 오랜 시간 프리랜서로 일하면서 필자는 여러 스튜디오의 모니터링 환경에 적응하기 위해 모니터 스피커(KRK E8)1조와 헤드폰(Sennheiser HD 600), 그리고 레퍼런스 CD를 주기적으로 업데이트해서 가지고 다녔다. 이퀄라이저나 컴프레서 같은 음향처리장치는 다른 제품으로 대체해도 큰 지장이 없지만 듣는 데 문제가 있으면 내가 하고 있는 작업에 대한 확신이 서지 않기 때문이다. 돌이켜 보면 수고스럽지만 일천한 경험을 극복하기 위한 나름의 방법이었다.
>
> 그 밖에 Genelec 1031a(8인치, 2way)과 KRK V8(8인치, 2way), KRK E8(8인치, 2way)를 사용했고, 지금은 ATC SCM45 Pro(6.5인치, 3way)를 사용한다. 이외에도 엔지니어 생활 내내 NS10M Studio(7인치, 2way)모델을 Amcron DC-300A Series II 파워 앰프와 함께 사용하고 있다. 그리고 몇 년 전부터는 KRK 12sHO(12인치) 서브우퍼도 함께 쓰고 있는데 서브우퍼는 다른 모니터에서 부족한 로우엔드**low end**를 약간 도와주는 기분으로만 재생한다. 그리고 몇몇 저렴한 소형 PC용 스피커로 일반 청취자들의 입장에서 들어본다.

모니터 스피커 세팅

∞ 모니터 스피커 위치

올바른 모니터를 선택했다면 다음은 적절한 위치에 놓아야 하는데 스튜디오의 크기나 모양에 따라 고려해야 할 점이 있다.

(1) 스피커와 작업자의 사이에는 어떠한 장애물도 놓지 않는다.

최근에는 DAW의 사용으로 인해 화면이 양쪽 스피커의 사이에 위치하는 경우가 많다. 화면을 스피커와 나란히 놓을 경우 약 70cm 이상(32인치 화면의 경우)을 차지하기 때문에 스피커 사이가 벌어지고, 화면의 양 끝에 소리가 반사될 수 있다. 만약 화면이 스피커의 앞쪽에 위치하면 스피커를 막아 정상적인 소리의 전달을 방해할 가능성이 커 올바른 듣기가 힘들다. 가능한 한 스피커 뒤에 화면을 위치시키는 것이 좋지만 작업자와의 거리가 멀어져 더 큰 화면이 필요하다.

(2) 믹서나 작업 데스크에서 발생하는 반사를 줄인다.

스피커를 믹서 위에 두거나 작업 데스크 위에 올리면 평평한 표면으로 인해 강한 반사가 일어나고 이 초기 반사음이 직접음과 섞이면서 콤필터링이 발생한다. 이를 방지하기 위해서는 스피커를 전용 스탠드 위에 올려서 믹서나 데스크의 뒤쪽에 설치하고 데스크 표면에 적당한 크기의 천을 덮는다.

(3) 스피커를 벽에 너무 가깝게 붙이거나 코너에 설치하지 않는다.

스피커를 벽에 가깝게 붙이면 후면에서 반사된 저주파가 전면에서 발생한 저주파와 합쳐져 증폭된다. 벽면이 모이는 구석에 설치한다면 스피커의 후면에서 반사된 저주파와 함께 측면에서 반사된 저주파가 더해져 저주파대역이 과도하게 증폭되는 결과를 가져온다. 이러한 현상을 피하기 위해서는 가급적 구석에서 멀리 두는 것이 좋고, 작은 스튜디오에서는 공간의 짧은 쪽 면보다 긴 쪽 면을 따라 설치하는 것이 유리할 수 있다.

(4) 서브우퍼는 구석만 피한다면 설치 위치가 크게 문제 되지는 않는다. 저주파는 파장이 길어 방향이나 위치에 영향을 덜 받으므로 저주파가 집중되는 구석만 제외하고 적당한 곳에 설치한다.

그림 1-24 모니터 스피커와 화면

스피커에서 재생되는 소리를 직접 막지 않도록 화면을 비스듬히 눕혔다.

∞ 모니터 스피커의 거리와 각도

스피커 사이의 거리와 각도를 정할 때 정해진 공식이 있는 것은 아니지만 한쪽 트위터에서 다른 쪽 트위터까지 대략 140~160cm 정도면 무난하다. 하지만 각자 선호하는 스피커 간의 거리가 있고 스튜디오환경에 따라 두 스피커 사이의 거리가 달라지기 때문에, 우선 자신이 원하는 스피커 사이의 거리를 정한다. 그리고 두 스피커에서 출발하여 작업자의 귀를 지나 뒤통수에서 만나는 지점을 기준으로 두 스피커의 각도를 동일하게 맞춘다.

그림 1-25 스피커 사이의 거리와 각도

작업자를 중심으로 ①두 스피커 사이의 간격을 정하고 작업자의 ②두 귀(뒤통수)를 기준으로 두 스피커의 각도를 동일하게 맞춘다.

스피커 사이의 거리가 가까우면 스테레오 이미지가 줄어들어 모노 성향을 띠며, 스피커 사이의 거리가 너무 멀면 스테레오 이미지가 과장되고 마치 중앙에 구멍이 있는 것처럼 들려 온전한 스테레오 음장sound field을 만들기가 어렵다. 따라서 다양한 시도를 통해 자신에게 맞는 거리를 찾도록 한다.

일단 두 스피커 사이의 거리가 정해지면 스피커의 방향이나 각도는 작업자의 위치와 두 스피커의 거리에 따라 자연스럽게 정해진다. 그림 1-25와 같이 두 스피커의 거리와 엔지니어와의 거리가 동일하여 정삼각형을 이루는 것이 가장 이상적인데 이때 스피커의 각도는 60도다. 만약 스피커 사이의 거리가 가까워지면 작업자를 향하는 각 스피커의 방향각이 60도 이상으로 자연스럽게 넓어지는 형태가 되고, 반대로 두 스피커 사이의 거리가 멀어지면 60도 이하로 좁아지는 형태가 된다.

만약 작업자의 데스크 뒤에 프로듀서 데스크가 있다면 모니터의 중심을 그곳으로 설정할 수도 있다. 작업자와 프로듀서 중 누구를 기준으로 할지는 업무의 중요도에 따라 달라지겠지만 필자의 견해로는 오랜 시간 믹싱을 하는 작업자에게 맞추는 것이 바람직하다고 생각한다.

필자는 ATC SCM45 Pro와 YAMAHA NS-10M 두 쌍의 스피커를 사용하는데 스피커의 크기로 인한 물리적 거리 때문에 YAMAHA NS-10M이 다소 가깝게 위치해 있지만 오히려 소스의 밸런스를 맞추기에 수월하게 느껴진다. 스피커 트위터 사이의 거리는 YAMAHA NS-10M가 약 1m, ATC SCM45 Pro는 약 1.8m이고, 두 스피커 사이의 중심과 작업자의 거리는 약 1.3m다.

8 모니터 스피커 받침대

음향시스템이 설치되어 있는 데스크에 두 스피커의 바닥이 직접 닿아있을 경우, 음악을 큰 볼륨으로 재생하면 저주파대역의 울림이 데스크에 직접 전달되어 진동이 발생한다. 이때 발생된 진동은 물체의 고유한 진동수와 합쳐져 정확한 듣기를 방해할 수 있다. 이것을 막기 위해 진동이 데스크에 전달되지 않도록 방진防振작업을 하는 것이 큰 도움이 된다.

스피커의 바닥과 데스크가 직접 붙지 않도록 스피커용 스테빌라이저 **stabilizer** 제품을 사용하거나 2~3cm 두께의 대리석이나 벽돌을 받치는 방법도 있다. 간단하고 손쉬운 방법으로는 그림 1-26의 우측 그림과 같은 미끄럼 방지용 작은 고무패드도 효과적이다. 구입과 설치가 쉽고 무엇보다 가격이 저렴하여 필자도 매우 유용하게 사용하고 있다.

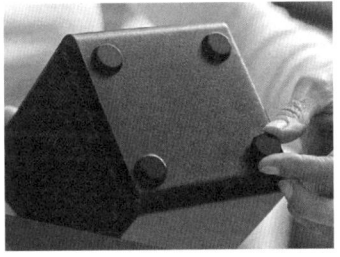

그림 1-26 스피커 스테빌라이저

오디오 재생 중에 스피커 캐비닛으로부터의 사운드에너지 전달을 줄인다. DMSD 50 PRO(좌), 3M Bumpon https://www.3m.com(우).

모니터링

∞ 모니터링 레벨

사용하는 모니터 스피커 크기, 브랜드와 모델, 어쿠스틱 환경, 음향 시스템 등 여러 조건들의 차이와 작업자의 개인적인 성향이 다양하기 때문에 이상적인 모니터링 레벨 값을 특정하기는 어렵지만 대략 75~85dB 정도면 무난하다고 할 수 있다. 다만 염두에 둘 점은 자신이 생각하는 적정한 레벨 값을 정해서 가급적 그 레벨을 기준으로 믹싱하는 것이 좋다. 물론 믹싱하는 시간 내내 동일한 레벨로만 듣는 것은 아니며 레벨을 변화시키면서 고음역, 중음역, 저음역의 악기 밸런스를 수시로 확인한다.

일반적으로 모니터링 레벨이 낮은 상태에서 밸런스를 맞추고 다시 레벨을 높여서 들으면 저음역이 고음역에 비해 다소 과장되게 들리게 된다. 이것은 소리에 주관적으로 반응하는 인간의 심리음향적 요소가 원인으로, 음압레벨 **sound pressure level**에 따른 주파수별 음량이 동일하지 않기 때문이다. 반면에 약 90dB 이상 높은 레벨로 들으면서 밸런스를 맞추면 상대적으로 전 주파수대역에 걸쳐 고르게 들리는 경향이 있지만 청력에 무리가 갈 수 있으므로, 청력 보호를 위해 약 40~50분에 한 번씩 10분 이상 반드시 휴식을 취하도록 한다.

듣는 레벨에 따른 심리음향적 현상에 관해 5장의 '등음량곡선'에 자세히 설명하였다.

∞ 다양한 모니터링 방법과 디바이스

대부분의 전문 레코딩 스튜디오에는 크기와 제조사가 다른 두 쌍 이상의 모니터 스피커가 놓여져 있는 것을 볼 수 있다. 그 이유는 스피커 제조사마다 반응 특성이 달라 하나의 모니터만으로는 객관적인 사운드를 판단하기에 무리가 있고, 스피커의 크기에 따라 재생 가능한 주파수대역이 다르므로 두 쌍 이상의 모니터로 번갈아 가며 확인하기 위함이다. 믹싱이 어느 정도 마무리되면 일반 청취자들의 입장에서 확인하고자 PC스피커, 노트북, 스마트폰, 자동차 실내 등 대중들이 음악을 듣는 환경과 비슷한 조건으로 들으면서 밸런스, 주파수 특성 등을 확인한다.

∞ 헤드폰 모니터

스튜디오의 미흡한 방음시설이나 왜곡된 모니터링 환경 때문에 간혹 헤드폰만으로 믹싱을 하는 경우가 있는데 그다지 추천하고 싶은 방법은 아니다. 무엇보다 헤드폰으로 장시간 모니터링했을 경우 청력 손상의 위험성이 상당히 높다. 그리고 양쪽을 모두 들을 수 있는 스피커에 비해 헤드폰은 오른쪽과 왼쪽의 소리를 각각 한쪽 귀로만 듣기 때문에 스테레오 이미지가 극단적으로 넓어져 스피커로 들었을 때와 밸런스의 차이가 크다. 반면에 세밀한 믹싱 작업을 요할 때는 아주 유용하다. 예를 들어 편집 노이즈, 립 노이즈, 디스토션 등 모니터 스피커로는 듣기 어려운 소리가 헤드폰으로는 명확히 드러난다. 또한 헤드폰이나 이어폰으로 음악을 즐기는 소비자들의 입장에서 사운드를 확인하기에도 알맞다.

∞ 모노로 듣기

청취자가 음악을 듣는 방식은 이어폰처럼 스테레오가 뚜렷한 상태일 수도 있지만, 카페처럼 스테레오로 듣기 힘든 경우도 많고 공공장소처럼 스피커 한 개 혹은 여러 개를 모노로 설치해 재생하는 곳인 경우도 있다. 이렇게 다양한 환경에 대응하기 위해서는 반드시 모노 상태에서 위상, 밸런스, 패닝 등을 체크할 필요가 있는데, 특히 위상이 역위상에 가까운 소리일수록 모노 상태에서는 간섭이 발생하여 소리가 사라지거나 레벨이 급격히 낮아진다.

모노 상태에서 좋은 밸런스는 스테레오에서도 좋기 마련이다. 악기 간 밸런스는 모노에서 확인하면 그 차이가 더 뚜렷이 나타나는 경향이 있어 리드보컬처럼 중앙에 위치한 사운드소스의 밸런스를 맞추기가 수월하고, 한쪽으로 치우쳐 청감상 크게 들리는 악기의 경우에도 적절한 밸런스를 찾기 쉽다.

DAW에서 오디오신호의 흐름

DAW 트랙 구성

기본적으로 DAW 트랙은 아날로그 믹서의 각 채널에서 보이는 신호의 흐름과 상당히 유사하다. 신호처리는 위에서 아래로 흐르는 방식이며 이때 INSERT를 가장 먼저 거치게 되는데 여기에 다양한 플러그인을 연결하고 그 연결순서에 따라 음향처리가 된다. 하지만 트랙의 효과적인 구성을 위해 실제 신호의 흐름과 트랙의 구성은 조금 다르게 되어 있으므로 그림 1-27을 참고하여 정확한 신호의 흐름을 확인한다.

일반적으로, 소스트랙에는 이퀄라

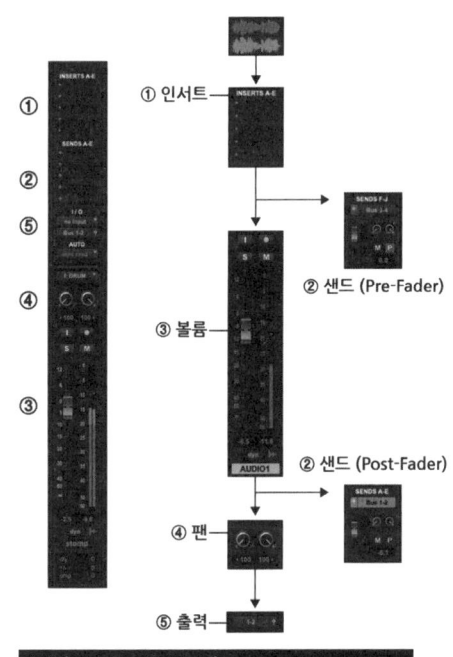

그림 1-27 DAW 트랙
DAW의 트랙(좌)과 실제 오디오신호의 흐름(우).

이저, 컴프레서, 톤 혹은 캐릭터 이펙터처럼 소스 자체의 음색이나 다이내믹을 변화시키는 음향장치를 인서트에 연결하고 리버브, 딜레이와 같이 소스에 효과를 더하는 경우에는 SEND/RETURN 방식을 주로 사용한다. 리버브나 딜레이의 쓰임에 따라 소스트랙에 직접 연결하는 경우도 있는데 이에 관해서는 다음 장에서 상세히 언급하였다.

  트랙의 플러그인 연결순서에는 특별한 원칙이 있는 것은 아니지만 필자의 경우 필터나 이퀄라이저, 컴프레서 그리고 다시 이퀄라이저 순서로 연결한다. 이 순서의 장점은 특정 악기의 모든 대역을 압축하지 않고 불필요한 주파수대역을 우선 제거하거나 감소한 이후에 압축한다는 점이다. 불필요한 주파수가 컴프레서에 반응하는 것을 피할 수 있고, 압축 후에 원하는 주파수를 증가시켜 컴프레서에 영향을 주지 않고 음색을 변화시킬 수 있다. 플러그인 연결순서에 관해서는 3장 'Lead Vocal'에서 자세히 다뤘다.

  INSERT에서 음향처리된 오디오신호는 그다음 단계인 SEND를 통해 신호를 다른 트랙이나 다른 경로로 보낼 수 있다. 예를 들어 리버브와 같은 효과장치로 보내거나 녹음 시 연주자를 위해 반주를 보내는 등 추가적으로 오디오신호가 필요한 곳에 보내기 위해 사용한다. 다른 경로로 신호를 보낼 때는 가장 아래에 위치한 페이더를 거친 신호(Post-Fader)나 페이더에 영향을 받지 않은 페이더 이전 신호(Pre-Fader) 중에서 선택할 수 있지만 모두 INSERT를 통과한 오디오신호다.

  이후 페이더로 레벨을 조절하고 PAN을 거친 뒤 최종적으로 출력된다. 모든 트랙의 페이더에는 레벨미터가 달려있어 실시간 레벨과 클리핑**clipping** 상태를 표시하고 INSERT에 사용된 컴프레서나 리미터에 의해 감소된 레벨도 동시에 나타낸다. 마지막으로 가장 아래에는 작성된 트랙의 이름을 표기한다.

DAW 내 오디오신호의 흐름

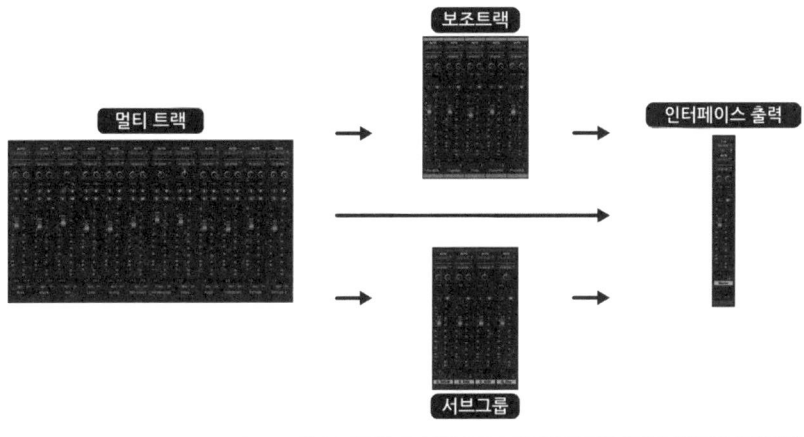

그림 1-28 DAW내 오디오신호의 흐름

모든 소스는 각 트랙, 서브그룹, 보조트랙에서 스테레오버스를 통해 출력된다.

각 트랙에서 음향처리 후 바로 오디오 인터페이스를 거쳐 출력되는 경로 외에도 DAW 내의 버스를 통한 별도의 경로를 생성할 수 있다. 믹싱에서 사용하는 버스경로는 크게 두 가지로, 비슷한 종류의 악기로 묶는 '서브그룹'과 이펙트를 위한 'SEND/RETURN'이다. 다음에서 두 가지 경로를 자세히 살펴보기로 한다.

∞ 서브그룹

여러 트랙을 악기별 혹은 파트별로 묶어 동일한 버스bus를 통해 하나의 보조트랙auxiliary track으로 만드는 것을 '서브그룹sub group'이라 한다. 서브그룹 생성 순서는 다음과 같다.

(1) 먼저 서브그룹으로 사용할 보조트랙을 생성해서 입력은 Bus 1,2, 출력은 Main Out으로 지정한다.
(2) 서브그룹으로 묶고자 하는 소스트랙의 출력을 모두 Bus 1, 2로 설정한다. 결과적으로 생성된 서브그룹 채널에 해당 소스들의 신호가 모이고 여기서 이퀄라이저나 컴프레서를 이용해 추가적인 음향처리가 가능하다.
(3) 서브그룹으로 모아진 신호와 서브그룹에 포함되지 않은 트랙은 모두 Main Out을 통해 오디오 인터페이스로 출력된다.

ProTools 최신 버전에서는 'Folder Tracks' 기능이 추가되면서 손쉽게 그룹 혹은 서브그룹을 생성할 수 있어 많은 트랙의 레이아웃과 오디오신호의 경로를 편리하고 보기 쉽게 구성할 수 있다. 특히, 'Routing Folder Tracks'는 트랙의 오디오신호 경로가 지정되어 플러그인을 연결하고, 볼륨 오토메이션과 오디오를 출력할 수 있어 위에서 설명한 '서브그룹'과 동일한 기능을 한다.

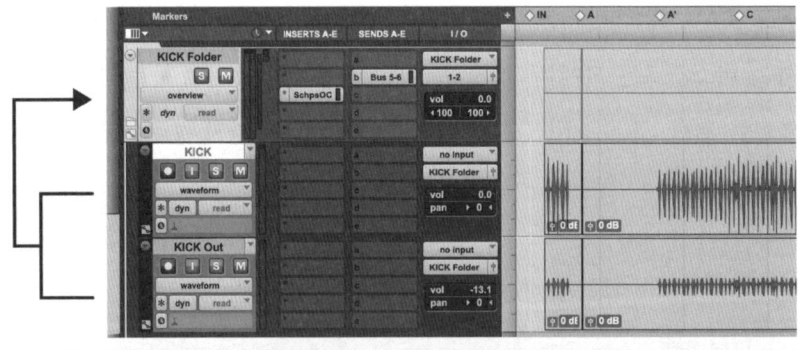

그림 1-29 Folder Tracks

폴더 트랙은 유사한 성격의 소스들을 서브그룹으로 묶는 기능을 한다.

8 SEND/RETURN

'SEND/RETURN'은 리버브와 같이 하나의 효과장치에 여러 사운드소스를 반응시키기 위해 사용하는 경로다. 먼저 보조트랙을 생성하여 INSERT에 리버브 플러그인을 연결하고 입력을 Bus 3, 4로, 출력을 Main Out으로 설정한다. 그리고 각 소스트랙의 SEND에서 Bus 3, 4를 통해 리버브 보조트랙으로 보내면 리버브가 반응하는데 이때 SEND의 레벨이 곧 리버브의 입력레벨과 비례하게 된다.

리버브를 SEND/RETURN 방식(병렬)이 아닌 각 채널의 INSERT 방식(직렬)으로 연결하면, 리버브 레벨은 플러그인 내의 'Dry/Wet' 파라미터로 조절해야 한다. INSERT에 연결하는 것은 신호의 흐름이 간단하다는 장점이 있지만, 'Dry/Wet' 파라미터를 통해 리버브의 양을 조절할 때마다 소스의 밸런스가 변하며, 곡의 흐름에 따라 리버브의 양을 조절해야 하는 경우에는 오토메이션이 어렵다는 단점이 있다. 또한 동일한 리버브를 여러 소스에 사용하려면 각 트랙마다 모두 리버브 플러그인을 사용해야 하므로 시스템에 과부하를 준다.

• Bus, Send, Stereo Bus

'Bus'는 시스템의 전기 신호 경로를 말하는데, 소프트웨어 내부뿐만 아니라 아날로그나 디지털 믹서와 같은 하드웨어의 내부 경로도 해당한다. 하나의 'Bus'에 여러 트랙의 신호를 동시에 보낼 수도 있고, 하나의 신호를 여러 Bus로 보낼 수도 있다. 모노, 스테레오, 다채널 모두 가능하다.

'Send'는 각 트랙의 신호를 Bus나 오디오 인터페이스 출력으로 보내기 위한 메뉴로, 보내는 오디오신호의 양을 조절할 수 있고 오토메이션도 가능하다.

'Stereo Bus'는 음향처리 이후 사운드소스, 이펙터 등 모든 오디오신호가 출력되는 스테레오 경로로 L, R의 스테레오 형식이므로 'Stereo Bus'라 한다. 여기에 맥시마이저, 리미터, 스테레오버스 컴프레서 등을 연결하고 오디오 인터페이스를 통해 모니터 스피커로 출력된다.

Mix #1

아이유, 「너의 의미」

아이유 앨범 「꽃갈피」(2014)의 타이틀곡 '너의 의미'는 밴드 산울림의 「산울림 제10집」(1984)에 수록된 동명의 곡을 리메이크했고 원곡을 부른 김창완 씨가 직접 객원보컬로 참여했다.

원곡과 다른 리메이크만의 개성 표현과 다른 성별, 연배 차이가 많은 두 아티스트의 보이스를 얼마나 조화롭게 하는가에 대해 많은 고민을 했다. 편곡은 필자와 많은 작업을 같이해 온 세션 기타리스트 고태영 씨가 맡아 자주 소통을 하며 믹싱하였다. 화려하지 않으면서 무심한 듯 연주하는 기타와 섹션마다 예스러운 느낌을 주는 오르간이 곡 전체에 흐르면서 현재와 과거 사이를 걷는 듯했고, 더불어 사운드도 그 둘 사이를 자연스럽게 오가게 되었다.

위에서 언급한 것처럼 보컬의 음색과 밸런스의 조화에 많은 시간을 할애했는데 성별이 달라 주파수대역이 겹치지 않으므로 음색조절은 쉬웠던 반면, 보컬 밸런스 조정은 상당히 까다로웠다. '아이유'의 앨범이란 점을 상기하면서 아이유 씨의 목소리가 기준이 되고 그 위에 김창완 씨의 목소리를 얹는 느낌으로 밸런스를 맞췄으며 아주 미세한 레벨 차이에도 역할이 바뀌는 상황이라 상당히 세밀한 볼륨 오토메이션을 했다. 두 사람의 보컬 채널에는 하드웨어 형태의 Empirical Labs Distressor와 GML EQ를 사용하였고 나머지는 DAW 안에서 플러그인으로 음향처리하였다.

사운드는 너무 정리되지 않도록 의도했다. 일반적으로 믹싱은 소스를 정리하려는 방향으로 가기 마련인데 이 곡에서는 깔끔함보다 정리되지 않고 다소 거친 느낌을 있는 그대로 표현하려고 했다.

꽤 오랜 시간이 흘렀음에도 길을 걷다가 들리면 상당히 반가운 곡이다.

Mixing Music
The Balance of Art and Technology

2장

믹싱 순서

본격적으로 믹싱 순서를 살펴보기에 앞서 앨범 단위로 믹싱을 할 경우 곡 순서를 정해야 하는데, 앨범을 대표하는 타이틀 곡보다 무난하고 부담 없는 곡을 먼저 믹싱하는 것이 유리하다. 스타일, 연주, 녹음 상태, 룸 어쿠스틱, 시스템 등 다양한 환경과 음악에 적응한 이후 가장 중요한 곡을 믹싱한다. 반대로, 여러 곡을 믹싱하면 에너지가 소진되고 귀가 피로해 정확히 모니터링 하기 어려울 수 있으므로 타이틀 곡을 후반이나 마지막에 믹싱하는 것은 피한다.

이제 믹싱 곡을 정했다면 실제적인 믹싱 과정에 대해 알아보기로 한다.

많은 사람들이 변화하는 사운드와 플러그인을 만지는 재미에 푹 빠져 시간 가는 줄 모르고 달려들었다가 곧 목적 없이 헤매는 것을 깨달은 경험이 있을 것이다. 좋은 사운드는 우연히 얻어걸리는 것이 아니라 철저한 계획과 훈련에 의해 목표를 실행해 나아가는 과정에서 얻어지는 결과물이다. 만족할 만한 결과물을 얻기 위해 믹싱 과정을 단계별로 세분화하여 크게 네 단계로 나눠 살펴보기로 한다.

1. 시작: 음악을 들어보면서 계획을 세우고 믹싱 준비
2. 집중: 본격적으로 사운드를 만들어 가는 단계
3. 완성: 오토메이션과 각종 효과장치로 곡을 꾸며 믹싱을 완성하는 단계
4. 마무리: 믹스를 프린트하고 수정

제시된 네 가지 단계를 통해 입문자에게는 일반적인 순서를 알려주는 기회가 되고, 경험자는 자신의 스타일과 비교하며 적합한 믹싱 스타일을 찾는 데 도움이 될 수 있도록 하였다.

이 장에서는 믹싱의 단계별 순서와 그 과정에 관해 설명하고 각 소스에서 처리해야 할 실전적인 방법은 3장에서 깊게 다루려 한다. 그럼 지금부터 각 단계에서 해야 할 내용을 상세히 알아본다.

시작

곡 전체의 분위기와 앞으로의 계획을 머릿속에 그리는 단계다. 아래의 내용을 참고하여 구체적인 믹싱 계획을 세우고 의뢰인이나 아티스트, 작곡자와 소통하며 믹싱 방향이나 의견도 미리 정리해 둔다.

사운드소스가 준비됐다고 해서 바로 시작하기에 앞서 사전에 필요한 작업을 통해 온전히 믹싱에 집중할 수 있는 작업 환경을 만드는 것이 중요하다. 녹음된 여러 테이크 중 가장 나은 것을 선택해서 자연스럽게 들리도록 편집하고 불필요한 노이즈는 제거한다. 보컬의 피치와 리듬을 수정하고 소스를 작업 스타일에 맞게 나열하면서 본격적인 믹싱에 집중할 수 있도록 준비한다.

준비과정과 믹싱은 하루 이상 충분한 시간적 간격을 두고 진행하는 것이 좋다. 편집처럼 지루하고 반복적인 일로 많은 에너지를 소모하여 지친 상태에서 시작하기보다 충분한 휴식 후 머리가 맑은 상태에서 믹싱을 시작해야 신선한 아이디어가 떠오르고 올바른 결정을 내릴 수 있다.

도입

∞ 곡과 친숙해지기

믹싱을 시작하려면 먼저 곡을 이해하는 시간이 필요하다. 처음부터 끝까지 차근차근 들어보면서 장르, 컨셉, 형식, 편곡, 그루브, 멜로디, 가사, 메시지, 퍼포먼스, 리듬 등을 이해하고 각 소스의 음악적, 기술적 특징을 자세히 파악하면서 머릿속에 계획을 세운다. 많은 창작자들이 발매된 곡을 레퍼런스로 삼기 때문에 비슷한 스타일의 음악을 찾아서 사운드를 비교하는 것은 큰 도움이 된다.

∞ 이미지 그리기

사운드의 방향을 잡으려면 작곡자와 직접 대화하면서 정보를 얻기도 하고, 데모를 참고할 수도 있다. 특히 작곡자가 만든 데모는 상당히 중요하다. 대부분의 데모는 그 곡의 개성을 강조하기 위해 멜로디, 리프, 텍스처, 캐릭터, 형식 등 포인트가 될 만한 요소를 최대한 돋보이게 하려는 경향이 있기 때문에 이 부분을 찾아내어 잘 표현할 수 있도록 준비한다.

곡을 반복해서 듣다 보면 만들고자 하는 사운드의 이미지가 좀 더 명확해지는데 한 번에 떠오르기도 하고 시간이 지날수록 점점 뚜렷해지기도 한다. 입문자의 경우 분명한 목표 없이 무의미하게 이 플러그인, 저 플러그인을 걸다 제풀에 지치는 경우가 많으므로, 무작정 음향처리장치를 사용하기보다 다양한 레퍼런스 음악을 들어보면서 각 소스의 표현방법을 명확히 떠올린 후 믹싱을 시작하면 훨씬 나은 결과물을 얻을 수 있다. 머릿속의 이미지를 시각화하는 방법은 6장 '비주얼 믹싱 컨셉'에서 자세히 설명하고 있다.

   자신의 곡을 믹싱하는 경우에는 처음 곡을 구상했을 때의 이미지를 끝까지 가져가는 것이 중요하다. 자신의 작품은 자신이 가장 잘 알기 때문에 쉽게 표현할 수 있을 거라 생각하지만 오히려 객관적으로 바라보기 힘들고 생각도 많아진다. 특히 기술적으로 표현방법이 부족하면 갈팡질팡하면서 최초의 컨셉과 다른 방향으로 가기도 한다.

∞ 의뢰인과의 소통

   프로젝트를 함께하는 A&R, 프로듀서, 아티스트, 작곡자, 편곡자와의 소통은 대단히 중요하다. 이들은 프로젝트의 시작과 끝, 그리고 나아갈 방향을 잘 알고 있으므로 곡에 대한 정보는 이들과의 대화나 텍스트를 통해 얻을 수 있다. 하지만 불필요하게 많은 정보는 오히려 작업자의 아이디어나 상상력을 제한하는 경우가 있어 곡의 컨셉이나 사운드소스, 편곡 등 기술적 정보처럼 꼭 알아야 할 내용에 관한 힌트만 얻고 나머지는 작업자의 음악적 상상력에 맡기는 것이 좋다.

   소통은 해당 파트의 담당자와 한다. 스케줄과 같이 진행에 관련된 문제는 A&R과 의논하고, 작곡·편곡에 관련된 부분은 작곡자나 편곡자와 의논한다. 하지만 관계자가 여러 명이거나 조직인 경우, 가능하면 소통할 수 있는 대화 채널을 한 사람으로 일원화하도록 유도한다. 곡의 컨셉이나 믹싱에 대한 의견을 여러 사람에게 다른 내용으로 전달받는다면 상당히 혼란스러울 수 있으므로 되도록 담당 A&R을 통해 의견을 취합해서 받는 것이 효율적이다.

템플릿 만들기

올바른 믹싱 템플릿을 구성하려면 자신의 시스템을 파악하는 것이 우선이다. 컴퓨터 사양, DAW의 기능과 특징, 설정 가능한 오디오포맷 형식, 인터페이스의 입출력과 인서트 경로 등을 확인하여 기본적인 템플릿을 구성한다. 그리고 DAW 안에 서브그룹, 이펙트, 플러그인, 트랙 이름, 컬러 코딩 등 자주 사용하는 다양한 옵션도 미리 설정하여 저장해 둔다. 이렇게 자신만의 템플릿을 저장해 새로운 세션을 만들 때마다 불러오면 불필요한 과정이 생략되어 효율적이다. 이제부터 기본적인 템플릿을 만들 때 필요한 조건들을 자세히 알아본다.

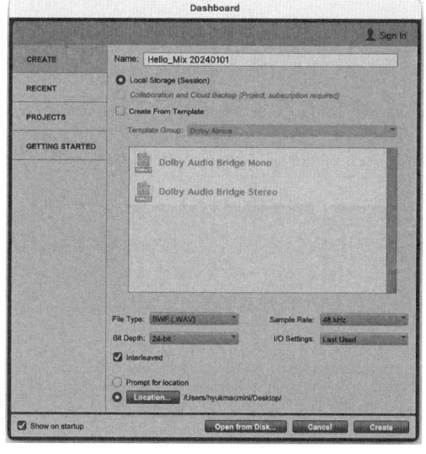

그림 2-1 ProTools 세션템플릿 생성 메뉴

최초 믹싱세션 생성 시 File Type, File Format, Sampling Rate, Bit Depth 등 세션의 기본 항목들을 정한다.

∞ 오디오포맷 설정

최초 믹싱 세션을 생성할 때는 가장 먼저 오디오포맷을 설정하도록 되어있는데, 이것이 결국 믹스의 오디오포맷 형식이 된다. 따라서 오디오 파일의 해상도, 저장용량, 다른 시스템과의 호환성 등을 고려해서 정한다. 'File type', 'Sample rate', 'Bit depth', 'File format' 메뉴가 있고, 통상적으로 '.WAV, 24bit, 48kHz, Interleaved stereo'로 설정한다.

참고로, 최초 생성된 믹스를 강제적으로 더 높은 포맷으로 변환시키면 포맷 형식은 바뀌지만 실제 음질은 향상되지 않는다. 반면에 상대적으로 낮은 품질의 오디오포맷으로 변환하는 경우에는 음질이 저하된다. 이러한 이유로 최초 믹싱 세션을 생성할 때에는 오디오포맷을 신중히 고민해서 결정한다.

- File type: 오디오 파일의 종류. 대부분의 음악 관련 프로그램은 WAV 형식을 기본 오디오파일로 지원하고 있으며 macOS와 Windows 등 모든 운영체제에서 사용하기 때문에 호환성이 좋다.
- Sample rate: 아날로그 오디오신호를 디지털 오디오신호로 변환하기 위해 초당 샘플링하는 횟수를 말하고, 샘플링 주파수가 높을수록 원음에 가깝다. CD는 44.1kHz이고 음악 녹음은 통상적으로 48kHz를 사용한다. 높은 해상도를 위해서는 96kHz, 192kHz도 가능하지만 파일의 크기가 커지고 오디오 인터페이스나 컨버터가 이 규격을 지원해야 한다.
- Bit depth: Bit depth 역시 아날로그 오디오신호를 디지털로 변환하는 과정에서 연속적인 파형을 개별 진폭레벨로 나타내는 정보의 양을 말한다. 높을수록 정확한 레벨과 높은 다이내믹 레인지를 표현할 수 있다. CD는 16bit 오디오이고 음악 녹음은 24bit 오디오를 많이 사용한다.
- File Format: 'Interleaved' 오디오 파일은 단일 스테레오 파일로 저장되고 모든 스테레오 정보가 들어있어 데이터를 읽을 때 연속적인 오류를 피할 수 있다. Multi-mono 파일은 별도의 '.L'과 '.R'(예를 들어, 오디오 파일명이 Piano일 경우 Piano.L, Piano.R)로 저장된다.

∞ 세션 제목 설정

세션 생성 시 사용할 세션의 제목을 입력한다. 보통은 '곡제목 Mix_2024 0212.ptx'와 같이 곡의 제목을 사용하는 경우가 많고 레코딩 세션과 구분하기 위해 'MIX'라는 단어나 날짜, 수정된 버전 등을 입력해 이전 버전과 구분한다.

관계자와 파일을 주고받을 때 간혹 소프트웨어의 한글패치나 특수문자 오류가 있어 가능하면 특수문자 없이 알파벳을 사용하는 것이 안전하다.

∞ 오디오트랙 만들기

세션 오디오포맷과 세션 제목을 정하고 사운드소스를 세션으로 불러온다. 불러오기가 끝나면 즉시 오디오트랙이 생성되는데 비슷한 종류의 악기나 보컬을 무리를 지어 위에서부터 아래로 배열한다. 대체적으로 드럼이나 베이스와 같은 리듬악기가 윗줄에 위치하고 그 밑으로 건반, 기타, 보컬, 백그라운드보컬 순으로 정리한다. 이렇게 위에서부터 아래로 나열된 트랙의 순서가 자연스럽게 믹싱 순서가 된다.

∞ 서브그룹 만들기

먼저 서브그룹트랙을 생성한다. 그리고 서브그룹으로 묶을 소스들을 정렬한 뒤 이들의 출력을 새로 생성된 보조트랙의 입력으로 지정한다. 서브그룹은 이에 속한 소스들의 레벨을 한 번에 조정할 수도 있고, 서브그룹트랙에 이퀄라이저, 컴프레서 등을 연결하면 여러 소스를 동시에 효과적으로 제어할 수 있다.

서브그룹으로 묶기에 알맞은 악기는 드럼, 기타, 건반, 스트링, 백그라운드보컬 등이 있고 G_DRUM(드럼 서브그룹), G_STR(스트링 서브그룹) 등으로 알아보기 쉽게 표기한다. 서브그룹트랙에 자주 사용하는 플러그인을 미리 연결해서 템플릿으로 저장해 두면 새로운 세션을 생성할 때마다 빠르게 불러올 수 있어 편리하고 시간도 절약된다.

서브그룹은 매크로 믹싱(5장 참조)의 기본형태가 되어 짧은 시간에 많은 곡을 믹싱하거나 미세한 조정에 미숙한 입문자들에게는 상당히 효과적이다.

∞ 이펙트 보조트랙 만들기

리버브, 딜레이는 주로 보조트랙을 생성하여 그곳에 연결하고 각 소스트랙의 SEND로 오디오신호를 보내서 반응시키는 'SEND/RETURN' 방식으로 사용한다. 서브그룹처럼 자주 사용하는 여러 효과 플러그인을 보조트랙에 연결해서 템플릿에 저장해 두고 필요할 때마다 불러오면 편리하다. 일례로, 보조트랙1에는 Hall, 보조트랙2에는 Ambiance, 보조트랙3에는 Plate, 보조트랙4에는 Room 리버브를 만들어 저장한다.

트랙 레이아웃

DAW의 트랙 레이아웃은 효율적인 믹싱을 할 수 있도록 일정한 기준에 의해 트랙을 정렬하는 것을 말한다. 정렬 기준은 먼저 리듬, 멜로디, 효과음 등 섹션이나 악기별로 구분하고 믹싱 순서에 따라 위에서부터 아래로 나열하는 것이 좀 더 직관적이다.

여러 명으로 구성된 케이팝 댄스스타일의 경우 약 200트랙 이상의 곡도 자주 접하게 되는데 대략 절반은 악기, 나머지 절반은 멜로디와 랩을 포함한 리드보컬과 더빙, 합창을 포함한 백그라운드보컬이다. 여기에 서브그룹과 이펙트 트랙까지 합치면 현기증이 날 정도로 많아 효과적인 트랙 정리는 필수적이다.

곡마다 다르지만 주로 드럼, 베이스와 같은 리듬악기를 위에 두고 그 아래로 멜로디 악기 그리고 보컬, 백그라운드보컬 순으로 정렬한다. 정렬 순서는 각자의 스타일에 맞춰 나열하는 것이므로 무엇보다 자신만의 방식으로 표준화해 트랙 순서, 악기별 색상, 기호 사용, 트랙 이름 등을 일관되게 구성해야 직관적이면서도 효과적으로 처리할 수 있다.

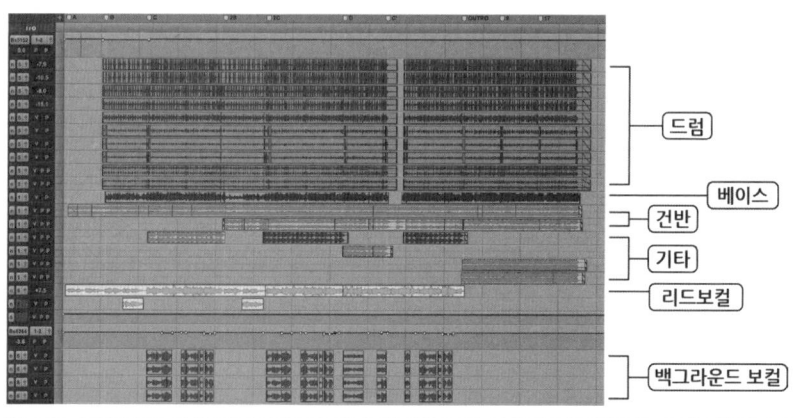

그림 2-2 트랙 레이아웃과 컬러코딩

소스별로 배치된 트랙과 컬러코딩은 믹싱의 효율성을 높인다.

∞ 컬러코딩

서브그룹으로 묶은 트랙들이나 오디오 클립들을 원하는 색상으로 표시하는 것을 컬러코딩color coding이라 한다. 그림 2-2처럼 트랙이나 오디오 클립을 컬러코딩하면 작업의 흐름을 시각적으로 구분하기 쉽다. 엔지니어에 따라서는 다양한 색상보다는 흑백을 선호하는 경우도 있다.

∞ 네이밍

트랙 이름은 E.Gt 1, A.Gt, Lead Vox처럼 단순하고 보기 쉬운 단어로 짓는다. '파일 내보내기export'나 '파일 합치기consolidate'를 하면 자동적으로 트랙 이름이 파일 이름으로 생성되므로 트랙마다 정확한 이름으로 입력하고 가급적 특수문자 없이 알파벳을 사용하는 것이 에러발생을 줄일 수 있다.

∞ 마커

Intro, Verse, Hook, Bridge 등 곡의 섹션과 특정 포인트를 마커 메뉴에 표시한다. 특정지점을 재생하거나 편집 시에 유리하다.

그 외에도 곡의 템포 입력, 그리드를 위한 박자 설정 등 필요한 메타데이터를 입력한다. 특히 곡의 템포를 입력하면 딜레이 플러그인들의 템포가 자동적으로 변경되고 그리드 메뉴에서는 편집창에 그리드 선이 템포에 따라 변경되어 편집하기 용이하다.

> 현대 음악 믹싱은 DAW의 사용이 필수적이라 작업자는 믹싱 작업 내내 시각적 정보에 영향을 받게 되고 결과적으로 귀보다 눈이 먼저 피로해지며 집중력도 급격히 저하된다. 소리가 파형으로 표현되면서 시각효과가 중요해지고, 화려하게 시각화된 파라미터에 의존하면서 불필요하게 세밀한 작업에 얽매이기도 한다. 간혹 0.1dB를 올렸다 내렸다 하면서 고민을 하지만 알고 보니 'Bypass' 상태인 어이없는 경우가 생기는 것은, 소리를 '귀'가 아닌 '눈'으로 판단하는 데 원인이 있다. 오래전, 아날로그 릴테이프를 재생하며 믹싱하던 시절에는 눈은 하는 일 없이 빈둥빈둥하며 VU미터를 쫓던 기억이 떠오른다.

컴핑과 에디팅

보컬 컴핑vocal comping(composite track)은 여러 테이크 중 최상의 부분만을 선택하여 하나의 '이상적인 테이크'를 만드는 작업이다. 대부분 작곡자가 완성해서 보내오지만 믹싱 엔지니어가 직접 고르기도 하는데, 약 3~5개 정도의 테이크를 저장해 두고 어색하거나 미흡한 부분이 있으면 즉시 더 나은 테이크를 선택한다.

보컬 컴핑은 상당히 수고스러운 작업이지만 믹싱에서 기술적으로 보상하는 것보다 더 나은 테이크를 고르는 편이 음악적으로 좋은 결과를 얻을 수 있다. 피치와 리듬은 일정 부분 수정이 가능하므로 보컬의 분위기나 느낌이 좋은 테이크를 우선적으로 선택한다.

편집 과정에 너무 집중하면 판단력이 흐려질 수 있으므로 반드시 휴식을 취한 뒤에 시작부터 끝까지 한 번에 들어보면서 하나의 퍼포먼스로서 문제가 없는지 확인한다. 이상이 없으면 편집으로 인한 노이즈나 손상된 소리가 없는지도 살펴본다.

편집위치에서 발생하는 부자연스러운 노이즈는 ①크로스 페이더cross-fader 기능을 사용하거나 두 웨이브 파형의 진폭이 ②'0'이 되는 부분에서 연결하면 매끄럽게 이어진다. 노이즈와 유사한 파형을 가진 ③치찰음 구간을 편집위치로 이용하는 것도 자연스럽다. 이외에도 다른 사운드에 마스킹 되도록 큰 소리가 나는 섹션 파트에 편집위치를 잡는 것도 좋은 방법이다.

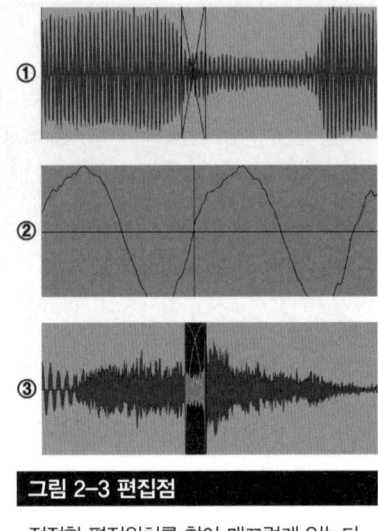

그림 2-3 편집점

적절한 편집위치를 찾아 매끄럽게 잇는다.

피치 수정

연주나 가창에서 피치가 불안하면 곡의 완성도를 떨어뜨리고 음악적 표현과 집중을 방해하는 요인이 되므로 전문 소프트웨어를 이용해 피치를 수정 tuning한다.

대부분의 피치 수정 소프트웨어는 오토모드와 매뉴얼모드 두 가지 선택을 제공하는데 가급적 매뉴얼모드로 사용할 것을 권한다. 오토모드는 실시간 처리에 최적화되었기 때문에 아무래도 결과물이 부자연스럽고 왜곡될 수 있다. 그러므로 의도적으로 '오토튠 효과'를 얻기 위한 것이 아니라면 수고스럽더라도 직접 수정하는 매뉴얼모드를 사용한다. 하지만 매뉴얼모드라도 통상적으로 두 음정 이상 수정하게 되면 이 역시 부자연스럽게 들리는 경우가 많아 과용하지 않도록 한다.

피치 수정 소프트웨어의 그래픽은 음계를 그리드로 나타내기 때문에 귀보다는 눈으로 판단하기 쉽게 되어있고, 시각적인 면이 피치를 결정하는 데 영향을 주어 항상 그리드에 엄격하게 맞춰야 한다는 생각을 갖게 만든다. 그러한 이유로 피치를 수정할 때는 반드시 음악과 함께 들으면서 확인하고 완벽한 피치 설정에 목표를 두기보다 보컬의 감정적 맥락을 우선으로 한다. 수정하려는 피치의 정도에 따라 보컬의 감정도 달리 표현되기 때문에 곡에 어울리는 최적의 피치를 찾는 것이 무엇보다 중요하다.

피치 수정은 정확하지 않은 음만 골라서 고치거나 멜로디 전체를 수정하기도 한다. 이때 절대음을 기준으로 아주 조금씩 모든 음에 대해 관여한다는 생각으로 접근한다.

심리음향적으로 크게 들을수록 높은음은 더 높게, 낮은음은 더 낮게 들리는 경향이 있어 피치를 수정할 때는 너무 크지 않게 듣는 것이 정확한 피치 수정에 도움이 된다. 이에 관해 6장의 '음향이론'에서 자세히 설명하였다.

더블링doubling 효과를 얻기 위해 리드보컬과 동일한 멜로디로 더빙했을 때, 정확히 동일한 피치로 맞추면 오히려 더블링 효과가 반감될 수 있어 현저하게 다른 부분만 맞추거나 의도적으로 미세한 차이를 둔다.

피치 수정이 끝난 구간을 저장하려면 새로운 트랙으로 녹음하거나 바운스하여 파일로 저장하게 되는데 이 과정에서 레이턴시latency, 즉 시간차가 발생하는 경우가 있으므로 이전 오디오 클립과 파형을 비교하면서 확인한다. 그림처럼 두 파형에 시간 차이가 보이면 보정 후 오디오 클립을 이전 오디오 클립에 맞춘다.

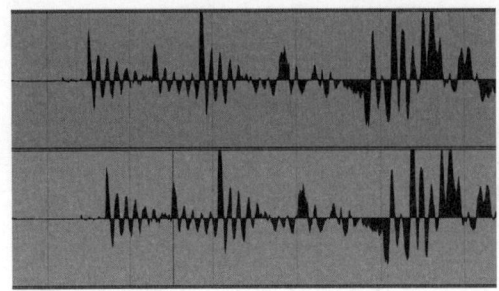

그림 2-4 레이턴시
피치 수정전과 후에 약간의 시간차가 발생한다.

피치 수정 소프트웨어는 보컬뿐만 아니라 색소폰이나 기타 등 솔로 악기의 피치 수정에도 아주 탁월하다. 대표적인 피치 수정 소프트웨어는 Antares Auto Tune, Celemony Melodyne이 있다. Auto Tune은 마우스를 이용해 피치를 직접 그려 세밀한 피치 수정이 가능한 반면, Melodyne은 원하는 음을 직관적이고 빠르게 찾을 수 있어 작업시간이 줄고 여러 음으로 된 화성의 피치 수정도 가능하다.

리듬, 타이밍 맞추기

피치 수정과 마찬가지로, 연주나 보컬의 리듬과 타이밍을 맞추는 것은 음악적 완성도를 높인다는 점에서 긍정적이지만 과할 경우 자연스러운 음악적 그루브를 해칠 우려가 있어 주의가 필요하다.

녹음된 연주나 보컬의 리듬을 수정할 때에는 일정한 기준이 필요한데, 가장 좋은 리듬으로 녹음된 연주를 들으면서 어색한 리듬이나 타이밍을 맞춘다. 하지만 특정 부분을 정확히 맞추면 상대적으로 편집한 곳 주변의 리듬이

틀어지므로 계속적으로 수정하고 싶은 생각이 든다. 이때는 자연스럽게 연주한 그루브에 기준을 두고 거슬리는 비트만 수정한다는 생각으로 접근한다.

편집 순서는 먼저 드럼과 베이스를 맞추고-특히, 섹션 파트-여기에 다른 악기나 보컬을 맞추는 것이 수월하다.

보컬은 소위 '입'을 맞추는 타이밍 편집도 필요하다. 리드보컬과 백그라운드보컬 또는 백그라운드보컬끼리 입이 맞지 않을 때는 산만하게 들리거나 일체감을 얻기 힘들다. 이때는 아래의 그림처럼 리드보컬을 기준으로 나머지 더빙이나 백그라운드보컬 트랙을 들어보면서 오디오클립을 이동한다.

리듬과 타이밍을 맞추는 일은 피치 수정과 마찬가지로 상당히 지루하고 긴 시간이 소요되는 작업이므로 충분히 휴식하면서 작업한다.

 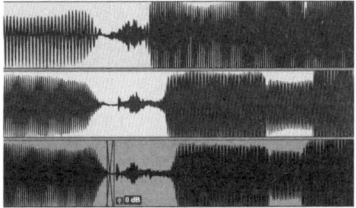

그림 2-5 보컬 타이밍

편집 이전(좌)과 이후(우).

노이즈 제거

기본적으로, 노이즈는 제거하는 것이 맞다. 하지만 사운드가 존재하는 부분 외에 빈 공간까지 모두 제거하기보다는 듣기에 거슬리는 것 위주로 삭제하면 된다. 일례로 발라드 곡을 믹싱하는 과정에서 보컬의 소절과 소절 사이에 있는 빈 공간, 즉 오디오 클립 내에 사운드가 없는 부분을 모두 제거했더니 멜로디가 없는 곳에서는 마치 가창자가 존재하지 않는 것처럼 부자연스러워져 다시 원상태로 복구한 경우가 있었다.

'립 노이즈lip noise'의 경우 그림과 같이 파형을 날카롭게 자르고 매우 짧게 페이드 처리한다.

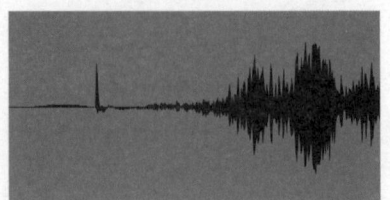
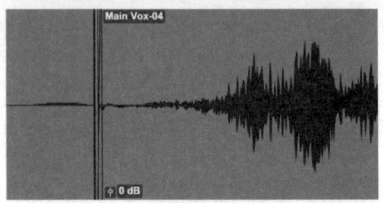

그림 2-6 립 노이즈 제거

편집 이전(위) 과 이후(아래).

파형이 깨져 발생하는 클릭 노이즈는 펜슬옵션으로 웨이브 파형을 다시 그리거나 De-clicker 플러그인을 사용하여 제거한다.

치찰음은 해당 부분만을 로우패스필터로 필터링하거나 디에서de-esser 또는 볼륨 오토메이션으로 줄인다. 치찰음 제거는 3장 'Lead Vocal'에서 상세히 언급하였다.

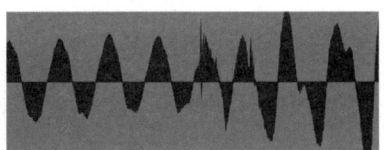
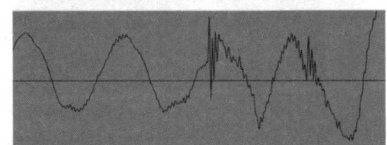
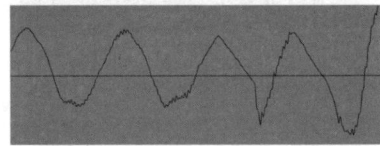

그림 2-7 클릭 노이즈

편집 이전(위)과 이후(아래).

위상 확인

위상phase은 '동일한 주파수를 가진 두 파동 사이의 시간 관계나 차이를 표현하는 양'을 말하며 단위는 각도(°)다. 그림 2-8과 같이 동일한 진폭과 주파수를 가진 ①두 사인파가 동위상in-phase일 경우에는 진폭이 두 배로 커지고, ②위상이 반전된phase-inverted 경우에는 서로 상쇄되어 소리가 발생하지 않으며 ③두 신호에 시간차가 있는 경우에는 위상편이out of phase, phase-shifted가 발생한다.

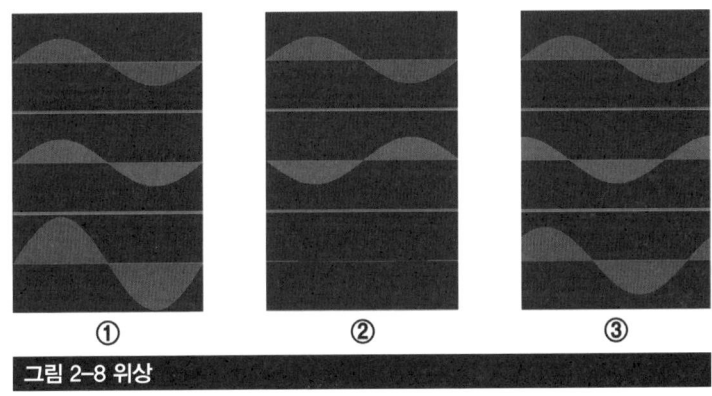

그림 2-8 위상

각 그림에서 위로부터 첫 번째, 두 번째 사인파가 합쳐져 세 번째 모양의 사인파가 만들어진다. ①동위상. ②역위상. ③위상편이.

음악과 같이 많은 주파수가 포함되어 있는 복잡한 신호는 위상의 상호작용이 중요해서 동일한 신호에 위상차가 발생할 경우 음색이 변하거나 레벨이 현저하게 감소할 수 있다.

소스에 따라 스테레오 효과를 극대화하려고 의도적으로 역위상에 가깝게 만들기도 하는데 이때에는 무조건 위상을 반전시키기보다 다른 악기와 함께 들어보면서 전체 사운드에 유리한 방향으로 결정한다. 해당 소스만 들을 때는 문제가 없더라도 다른 소스들과 함께 재생되면 간섭이 발생하여 사운드에 부정적인 영향을 미치기도 하고 오히려 역위상에 가깝더라도 음악적으로 더 나은 효과를 얻는 경우도 있다.

마이크간의 거리에 의한 위상편이가 생기는 경우도 있다. 일례로 근접 마이킹으로 녹음된 킥드럼 소리와 오버헤드 트랙에 녹음된 킥드럼 소리는 서로 동일하지만 마이크 간의 거리 차로 인해 두 파형에 위상차가 발생한다. 이때는 하나의 트랙을 기준으로 다른 트랙의 오디오클립을 움직여 각 트랙의 위상을 맞추기도 하지만 동일하게 맞추는 것은 현실적으로 불가능하다. 이 경우에는 마이크 간 거리 차로 인한 자연스러운 '위상편이'이고 결국에는 근접 마이크에 녹음된 트랙의 레벨이 더 크게 재생되기 때문에, 듣기에 문제가 되지 않는다면 어느 정도의 위상차는 허용할 수 있다.

스네어드럼처럼 동일한 음원을 위와 아래에서 근접 마이킹했을 때에는 시간차 없이 분명하게 역위상 관계에 있으므로 한쪽 트랙의 위상을 반전시켜 둘을 동일하게 맞추도록 한다. 드럼의 위상에 관해서는 3장 'Drum'에서 자세히 설명했다.

위상은 백터스코프와 사운드를 듣고 판단하되 반드시 스피커의 정중앙에 위치해서 들어야 한다. 위상을 확인하는 방법은 다음과 같다.

(1) 스테레오 효과가 스피커의 오른쪽과 왼쪽의 끝을 넘어서 듣기 불편할 정도로 머리 뒤까지 돌아가는 듯한 느낌이 들고, 한쪽 위상을 바꾸었을 때 불쾌한 느낌이 사라지거나 소스의 정위감이 개선된다면 역위상에 가깝다.
(2) 벡터스코프(Vectorscope)에서 모노신호는 수직방향, 스테레오는 수평방향으로 나타난다. 좌측의 'Polar Level' 모드는 약 45도 안전라인(실선)을 넘

어서면 위상이 다른 오디오를 나타내는데 그림처럼 좌우로 확연히 벌어져 대칭 형태로 약 90도와 180도 끝에 붙어있으면 역위상에 가깝다. 우측은 'Lissajous' 모드는 샘플을 점으로 표시하는데 이 역시 45도 안전라인을 넘어 좌우로 수평으로 펼쳐져 있어 역위상 관계에 있음을 나타내고 있다. 참고로 신호가 왼쪽에서만 나올 경우 −45도, 오른쪽에서만 나올 경우 +45도에 사선으로 표시된다.

(3) 모니터링시스템에서 모노와 스테레오로 번갈아 들어본다. 모노상태에서 사운드소스가 사라지거나 레벨이 현저하게 작아진다면 역위상에 가깝다.

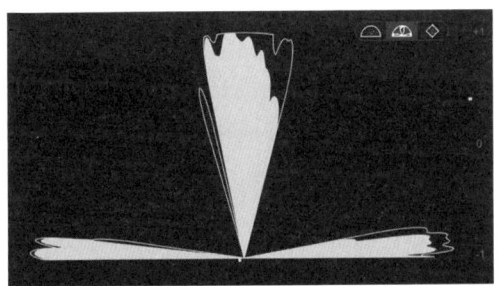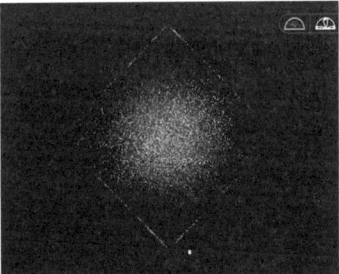

그림 2-9 벡터스코프

Polar level 모드(좌)와 Lissajous 모드(우).

집중

이제부터는 사운드에 구조물을 세우는 단계라 할 수 있다. 방향이 정해지면 짧은 휴식 후 약 1~2시간가량 본격적으로 믹싱한다. 많은 생각보다 도입 단계에서 그렸던 그림을 주저 없이 실행에 옮겨간다.

상대적으로 중요치 않은 사운드소스는 음소거한 상태에서 비중이 높은 몇몇 악기와 보컬만으로 곡 전체의 음악적 장점을 최대한 살리도록 하며 듣기에 불편하지 않을 정도의 간단한 볼륨 오토메이션도 동시에 해나간다. 이 단계에서는 기둥과 큰 구조물을 세운다고 생각하면서 너무 디테일한 작업보다는 음악적 느낌과 곡의 장점을 최대한 살리는 데 집중한다.

곡 전반에 걸쳐 강약이 필요한 곳을 찾아 미리 조절하고 나머지 추가적인 소스를 채울 공간을 비워서 상대적인 음량을 어림잡아 둔다. 그리고 전반적으로 지루하지 않도록 재미나 긴장감을 줄 요소가 있는지 미리 확인하고 준비한다.

오랫동안 생각한다고 해서 항상 나은 방법이 떠오르는 건 아니다. 음악은 순간순간의 감정이 중요하기 때문에 짧게 생각하고 과감하게 표현한다.

섹션별 믹싱

믹싱은 어디서부터 시작하는 것이 좋을까?

필자의 경우 곡에서 가장 중요한 코러스섹션이나 훅섹션부터 완성하며 그 중에서도 1절, 2절 코러스섹션보다는 브릿지 이후의 3절의 코러스섹션을 우선적으로 믹싱한다. 통상적으로 3절 코러스섹션에는 사운드소스가 몰려있고 높은 에너지가 응집되는 곳이므로 많은 시간과 에너지를 쏟아부어서 가장 멋진 사운드를 만들 필요가 있다. 우선적으로 이 섹션을 최고조로 만들어 놓으면 이곳을 기준으로 다른 섹션의 에너지를 배분하기가 쉽다.

이렇게 3절 코러스섹션이 완성되면 1절, 2절 코러스섹션으로 이동한다. 3절의 사운드가 최고조로 상승하도록 1, 2절은 힘을 조금 빼는 방향으로 조절한다. 그리고 벌스나 프리코러스는 코러스를 위해 에너지를 모으고 긴장감을 유지하도록 한다. 이렇게 곡의 진행과 역방향으로 믹싱하는 이유는 3절 코러스섹션을 최대 레벨에 맞추고 나머지 파트를 조절하는 것이 반대의 경우보다 훨씬 수월하기 때문이다.

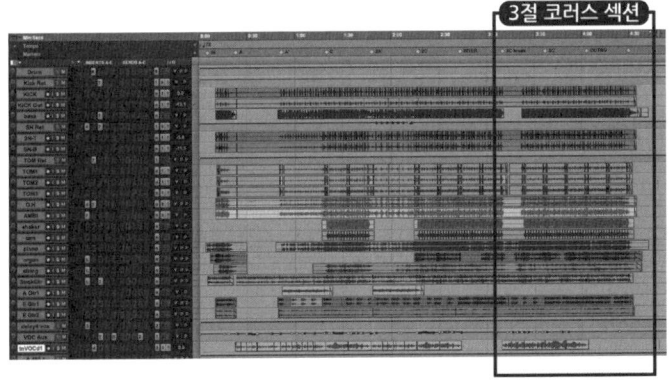

그림 2-10 믹싱 순서

가장 중요하고 악기가 많이 모여있는 구간부터 믹싱한다.

여기서 주의해야 할 점은 특정 부분에 너무 집착하지 않는 것이다. 믹싱은 오랜 시간 집중하면서 다양한 음악적 요소들을 맞춰가는 '순환적 과정'이므로 특정한 소스나 파트에 오래 머물러 있으면 어느 순간 판단이 흐려져 다른 섹션과의 조화를 맞추기가 어려워진다. 또한 시작부터 끝까지 들어보며 곡 전체의 느낌과 감정선이 적절히 유지되는가를 반복적으로 확인한다.

소스별 믹싱

보컬과 악기 중에서 어떤 것을 먼저 시작할지, 악기라면 어떤 악기부터 시작할지 고민스러울 때는 곡에서 중요한 역할을 하는 악기부터 시작한다. 트라이앵글, 카우벨과 같은 퍼커션이나 FX효과처럼 상대적으로 중요도가 떨어지는 소스는 일단 음소거를 하고 드럼, 베이스, 피아노, 기타, 리드보컬처럼 중심이 되는 악기를 우선적으로 믹싱한다. 그중에서도 리듬악기인 드럼과 베이스를 먼저 시작하는 것이 일반적이다. 드럼은 킥드럼, 스네어드럼, 하이햇, 탐, 오버헤드 순이고 경우에 따라서는 오버헤드 트랙부터 시작하는 것도 좋다.

최근 세상을 떠난 그래미어워드 수상 엔지니어 Al Schmitt는 "마치 집을 짓듯이 베이스, 킥드럼을 원하는 곳에 두고, 오버헤드를 더해 밑에서 시작해서 위로 올라가는 형태로 믹싱한다."고 했는데 [07], 필자도 전적으로 동의하며 많은 엔지니어가 이러한 방식으로 진행하고 있다.

리듬은 곡의 중심이고 마치 뼈대와 같으므로 리듬을 담당하는 드럼과 베이스를 음향처리한 이후 건반과 기타를 믹싱한다. 건반과 기타는 리듬과 리드 역할이 모두 가능하므로 이 둘의 순서는 곡의 스타일에 따라 달라진다.

　연주자의 터치가 많이 느껴져 주로 리듬과 리드를 담당하는 어쿠스틱 피아노와 패드 역할이 많은 일렉트릭 피아노나 오르간은 악기의 음색에 따라 그 역할이 다르므로, 주로 리듬을 담당하는 악기를 우선으로 믹싱하고 리드 역할의 건반을 이후에 처리한다. 기타도 피아노와 유사하여 동일한 기준으로 순서를 정한다.

　필자의 경우 건반 다음에 기타를 처리하는 경우가 많은데 편곡에서 정해진 악기의 쓰임에 따라 달라진다. 특정 리프나 악기가 곡의 중심이 되는 경우라면 중요한 소스부터 먼저 믹싱하여 공간을 확보한 뒤 다른 소스를 얹는 것도 좋다. 주의해야 할 점은 너무 완벽한 사운드를 만들기보다 가장 우선해야 할 보컬을 위한 배경을 만든다고 생각하고 적정한 여유 공간을 두도록 한다.

　악기 믹싱이 어느 정도 진행되었으면 가장 중요한 리드보컬을 믹싱한다. 리드보컬은 일관된 레벨과 함께 곡의 중심이 되도록 한다. 리드보컬 이후에 더빙보컬이나 백그라운드보컬을 믹싱하는 것이 일반적인데 이 둘은 리드보컬을 받쳐주는 역할이 크므로 리드보컬의 부족한 점을 보완하거나 리드보컬을 돋보일 수 있게 한다.

　다시 한번 강조하지만, 믹싱은 순환적이므로 한 번에 모든 것을 완성하기보다 단계적으로 보완해 가는 과정이라고 생각하면서 반복적으로 진행해 나아간다.

게인스테이징

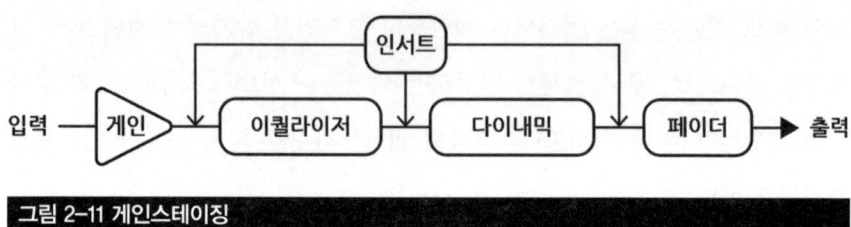

그림 2-11 게인스테이징
마이크 입력부터 출력까지 오디오신호가 거치게 되는 각 스테이지를 나타내고 있다.

오디오신호가 통과하는 프리앰프, 믹서의 이퀄라이저 섹션, 컴프레서 섹션, 믹스버스mix-bus 앰프 등 개별 기능을 가진 회로 블록을 '스테이지stage'라 하고, 각 스테이지마다 노이즈나 왜곡 없이 깨끗한 소리를 위해 최적의 레벨로 조정하는 과정을 '게인스테이징gain staging'이라 한다.

과거 테이프 레코더나 아날로그 믹서를 사용하던 당시의 음향장치는 자체 노이즈가 많아 낮은 레벨로 녹음된 소스를 증폭하면 노이즈도 같이 상승하는 단점이 있었다. 반면에 적정한 레벨로 녹음된 경우에는 신호대 잡음비(Signal to Noise Ratio)도 우수하고 세츄레이션saturation 상태의 꽉 찬 소리도 만들 수 있어 사운드적으로 상당한 이득을 얻을 수 있었다. 이처럼 믹싱의 단계별 음향처리과정에서 적정한 레벨관리는 무척 중요해서 항상 0VU(=+4dBu)를 기준으로 게인스테인징이 이루어졌고 결과적으로 낮은 노이즈의 왜곡 없는 깨끗한 소리를 만들었다.

현재는 DAW를 비롯한 많은 디지털 음향장치의 자체 노이즈가 뚜렷하게 줄었고, 약 120dB 이상의 높은 다이내믹 레인지를 가지고 있어 과거에 비해 게인스테이징의 개념을 엄격하게 적용할 필요성이 낮아졌다.

따라서 다음의 경우만 주의한다면 올바른 게인스테이징을 손쉽게 할 수 있다.

(1) 디지털 클리핑이 일어나는 0dBFS를 절대 넘지 않도록 한다. 위에서 언급한 대로 테이프 레코더나 몇몇 아날로그 음향장비의 경우 비교적 높은 입력레벨로 포화상태인 세츄레이션을 유도해 사운드적으로 개성 있는 결과물을 만들었다. 하지만 디지털 영역에는 세츄레이션 상태가 없어 신호가 0dBFS를 넘으면 곧바로 소스가 손상되기 때문에 절대 0dBFS를 넘지 않도록 한다.
(2) 초기 믹싱단계에 드럼이나 베이스와 같이 기준이 되는 소스들의 스테레오버스 출력레벨은 약 −20dBFS가 적당하다. 특히, 아날로그 하드웨어를 충실히 모방한 에뮬레이터 플러그인은 하드웨어와 동일한 기능으로 작동하기 때문에 과도한 입력 레벨을 받아들이기 힘들다. 뿐만 아니라 외부 아날로그 하드웨어 음향장비와 연결할 경우 적정한 입출력 레벨에 대응하려면 약 −20dBFS가 적당한데, 이 레벨을 기준으로 삼아 밸런스를 맞춰가면 대략 −5dBFS 정도의 피크값을 유지하면서 마스터링에 알맞은 결과물이 만들어진다.
(3) 각 단계의 입력과 출력레벨을 동일하게 설정하는 유니티게인unity gain을 고려한다. 가령 플러그인을 걸거나 바이패스했을 경우에 레벨 차가 크지 않게 유지하는 것이다. 과거 유니티게인 설정은 각 스테이지에서 신호 왜곡을 줄이기 위한 목적이었다면 현재 디지털영역에서의 유니티게인 설정은 스테이지마다 지속적이고 안정적인 레벨과 밸런스를 목적으로 한다.

초반 믹싱단계에서 리듬악기의 레벨설정에 주의를 기울이면 여기에 맞춰 다른 소스의 밸런스도 안정적으로 자리 잡기 때문에 이 단계에서 적절한 게인스테이징은 아주 중요하다.

- **Saturation**

세츄레이션은 아날로그 음향장비에서 큰 입력레벨로 인해 발생하는 부드러운 다이내믹 디스토션과 하모닉 디스토션을 말하며 소리가 크고 단단한 느낌을 준다. 일반적으로 '아날로그 사운드'와 그 특징을 말할 때 '디지털에서 얻을 수 없는 따뜻함'을 언급하는데 세츄레이션 뉘앙스와 밀접한 관련이 있다. 세츄레이션 효과를 얻고자 의도적으로 오디오신호를 과도하게 입력하여 신호를 왜곡시키기도 하는데 이 효과는 주로 아날로그 테이프 레코더와 FET, Tube 등을 이용한다.

현재는 이러한 세츄레이션 효과를 모방하여 그림과 같은 다양한 디지털 에뮬레이터 플러그인을 출시하고 있다. 반면에 디지털 영역에서는 과도한 입력으로 디스토션이 발생하면 왜곡되고 불쾌하게 들리기 때문에 클리핑이 발생하지 않도록 주의한다.

그림 2-12 세츄레이션

Studer A820 1/4인치 아날로그 테이프 레코더(좌)와 세츄레이션 플러그인 Waves Abbey Road Saturator 플러그인(우).

패닝

패닝panning이란 '스테레오 믹스에서 오디오신호의 위치를 조절하는 것'을 말한다. 좌우 레벨 차를 이용한 허상phantom image을 만들어 이동시키는 원리로 사용방법은 간단하여 각 채널의 팬팟pan-pot으로 좌우나 그 사이 원하는 곳에 위치시키면 된다. 패닝의 효과는 스테레오 이미지가 구체적으로 표현되어 결과적으로 소스가 서로 분리되면서 선명도가 높아지고 폭넓은 사운드를 만들 수 있다.

다음은 도입단계에서 생각한 곡의 이미지를 바탕으로 각 소스의 위치를 정할 때 참고할 만한 몇 가지 기준을 제시하였다.

(1) 현실을 바탕으로 시각적 사실에 근거한다.

가령 오케스트라의 경우 관객의 시각에서 바이올린은 왼쪽에 첼로와 베이스는 오른쪽에 오게 하고, 연주자 시각이라면 반대로 설정할 수 있다. 드럼도 비슷해서 관객의 시각에서 보면 킥드럼과 스네어드럼을 중심에 두고 하이햇을 오른쪽에, 탐은 작은 탐부터 오른쪽에서 왼쪽으로, 심벌도 설치한 위치대로 패닝한다. 엄밀히 말하면 드럼은 하나의 세트로 되어 있어 관객의 시각에서는 모노에 가깝다고 할 수도 있지만 넓은 스테레오 이미지를 위해 드럼을 좌우 형태로 패닝하는 것이 일반적이다.

(2) 보컬을 포함한 솔로 악기나 베이스, 킥드럼과 같은 저음역 악기는 중앙에 위치하는 것이 좋다.

보컬이나 솔로 악기는 어떠한 상황에서도 밸런스의 변화 없이 잘 들려야 하기 때문에 가능한 한 중심에 두도록 한다. 베이스와 킥드럼 또한 리듬의 중심이므로 중앙에 패닝하는 것이 유리한 반면 가운데에서 마스킹이 일어나거나 복잡해질 수 있다는 단점이 있다.
(3) 녹음된 방식대로 팬을 위치한다. 스테레오 앰비언스의 경우 팬을 좌우 끝으로 놓고 마이크의 간격을 조정해서 녹음하기 때문에 팬의 위치를 녹음 때와 동일하게 놓고 설치한 마이크의 위치를 그대로 재현한다.
(4) 하이햇이나 쉐이커와 같이 유사한 소리는 위치를 다르게 패닝해서 서로 구분해 주거나, 서로 대칭되게 만드는 것도 고려해 볼 만하다.
(5) 탬버린이나 트라이앵글 등 높은 주파수대역을 많이 포함한 악기들은 한쪽으로 위치해 중앙에 위치한 소스들과 거리를 두는 것이 좋다.
(6) 모든 소스를 패닝할 필요는 없다. 입문자의 흔한 실수는 넓은 스테레오 효과를 얻기 위해 모든 소스를 양 끝으로 두는 경향이 있는데 이렇게 되면 오히려 중심과 측면의 간격이 너무 넓어져 사운드가 빈약해지는 역효과가 생긴다. 사운드가 약할수록 가운데로 모아 중심이 단단한 사운드를 만들어야 한다.

팬을 좌우에 위치시키면 청감상의 밸런스가 달라져 약간의 레벨 조정이 필요하기 때문에 가급적 믹싱의 초반에 맞추는 것을 권한다.

밸런스

소스 간의 밸런스는 믹싱의 가장 중요한 요소임에 틀림없지만 여기에 관한 정해진 답은 없다. 혹자는 모든 소스가 다 잘 들리는 믹스를 이상적이라고 말하지만 기술적으로 쉽지 않고 사실 꼭 그럴 필요도 없다. 밸런스는 상대적이기 때문에 중요한 소스가 그렇지 않은 소스에 비해 얼마나 돋보이는지가 핵심이다.

팝의 경우, 리드보컬이 가장 중요한 위치에 있으므로 다른 소스에 비해 우위에 있지만 과할 경우 상대적으로 반주가 왜소해 보여 음악이 풍성하지 않을 수 있고, 반대로 리드보컬이 작으면 멜로디와 가사 청취에 어려움이 있어 답답하게 들리거나 곡에 문제가 있는 듯이 보일 수 있다. 다른 소스 간의 관계도 이와 유사해서 적절한 지점을 찾는 노력이 필요하다.

좋은 음악적 밸런스를 위해서는 우선 각 악기의 역할을 파악하는 것이 무엇보다 중요하다. 솔로기타와 백킹기타의 역할이 다른 것처럼 악기들은 장르나 편곡에 따라 그 역할이나 의존도에 차이가 있어 밸런스 역시 크게 다를 수밖에 없다. K-POP 아이돌 스타일처럼 악기가 많은 경우에는 당연히 각 사운드소스가 차지하는 주파수대역과 다이내믹에 제한이 있으므로 '필터링'과 '압축'을 적극적으로 이용하여 밸런스를 맞춘다. 포크나 어쿠스틱 장르와 같이 적은 수의 악기구성이라면 각 악기가 차지하는 공간이 여유로워 로우엔드, 하이엔드의 주파수대역과 큰 폭의 다이내믹을 자유롭게 사용할 수 있다.

일단 밸런스가 맞춰지면 모니터링 레벨의 크기와는 상관없이 곡 전체에 걸쳐 일관되어야 한다. 물론 사람의 청각은 레벨에 따른 음량이 주파수마다 다르게 들린다는 것이 이미 '등음량곡선'에 의해 알려져 있지만 이를 감안하더라도 듣는 레벨에 따른 밸런스가 눈에 띄게 달라진다면 소스의 명료도를 다시 확인해 봐야 한다. 왜냐하면 밸런스는 명료도와 매우 관계가 깊어 레벨을 높이지 않고도 명료도만으로 음량의 증감효과를 가져올 수 있기 때문이다.

이외에도 킥드럼, 스네어드럼, 베이스 등 주요 리듬악기의 밸런스가 정해지면 곡이 흐르는 내내 일정한 레벨을 유지하는 것이 좋다. 중심악기의 레벨이 자주 움직이면 거기에 반응하는 다른 소스의 밸런스도 계속적으로 움직일 수밖에 없고 결국 곡 전체 다이내믹에 일관성이 부족해 보이게 된다.

> 필자가 레코딩스튜디오에 취업 후 처음 배운 업무는 믹싱 보조였다. 보조엔지니어의 업무는 원활한 믹싱세션을 위해 믹싱 엔지니어를 보조하는 것인데, 믹서에 하드웨어 음향장비를 연결하거나 멀티테이프 레코더를 반복 재생하고 믹스를 프린트하는 등 믹싱의 전 과정에 참여한다. 거의 매일 믹싱세션이 있었으니 일 년에 최소 300곡 이상을 지켜본 셈이다. 믹싱 엔지니어마다 나름의 방식이 있어 그 요구에 맞춰 준비하다 보니 다양한 믹싱 스타일을 자연스럽게 익히면서 여러 장단점을 파악할 수 있었고, 내게 맞는 믹싱 스타일을 찾는 데 큰 도움이 되었다. 이러한 자신만의 고유한 믹싱 방식은 결국 음악 스타일과 개성으로 나타난다.

완성

이제부터는 믹스를 세밀하게 다듬는 단계이다. 음소거한 소스를 차례대로 모두 열어 다른 악기와 밸런스를 맞추고, 서로 마스킹하지 않도록 주의하면서 곡에 어울리는 음색과 개성 있는 캐릭터를 동시에 완성해 간다. 그리고 오토메이션을 통해 시간에 따른 미세한 밸런스와 다이내믹을 살펴보고, 이후 한발 물러나서 각 섹션별 다이내믹과 곡 전체의 흐름을 조절해 나아간다. 공간계 음향효과장치를 이용하여 공간을 연출하고 소스 간의 명암을 만든다. 상세한 음향효과장치의 사용방법과 활용은 4장에서 다루기로 한다.

톤과 캐릭터

음색과 다이내믹을 조절하는 것에서 한 단계 더 나아가 다양한 인핸서 enhancer 스타일의 이펙터를 사용해 톤과 캐릭터를 만들어 간다. 곡의 특징을 잘 나타내는 시그니처 사운드를 만드는 것도 좋은 생각이지만 호불호가 있어 너무 집착할 필요는 없고, 다만 재미있는 요소들을 흩뿌려 놓듯이 여기 저기에 심어두는 것은 곡을 지루하지 않게 해주는 요인이 된다. 아래에는 캐릭터 사운드를 만드는 데 유용한 몇몇 플러그인을 소개한다.

∞ Vocoder: iZotope VocalSynth2

그림 2-13 iZotope VocalSynth2

VocalSynth2는 보컬을 위한 이펙터로 보코더, 이펙트, 토크박스, 보컬 모듈레이션, 보컬 화음생성 등 창의적인 보컬 캐릭터를 만드는 데 유용한 플러그인이다. 기본적으로 5개(Biovox, Vocoder, Compuvox, Talkbox, Polyvox)의 synth 모드에서 선택해서 합성할 수 있고 하단에 있는 7개 이펙트로 다양한 효과를 추가할 수 있다.

팝 장르에 어울리는 보컬효과를 만들 때 유용하게 쓰인다.

∞ Doubling: Waves Abbey Road Reel ADT

(Artificial Double Tracking/Automatic Double Tracking)

ADT는 아날로그 더블링 효과를 만드는 이펙터다. 1960년대 Abbey Road 스튜디오엔지니어 Ken Townsend가 비틀즈를 위해 제작했는데, 이것을 플러그인 형태로 모방한 것이 'Abbey Road Reel ADT'이다. 더블링 효과뿐만 아니라 'Valve Tape Machine' 사운드를 기반으로 'Wow & Flutter echo',' Tape flanging & phasing' 효과도 만들 수 있어 보컬, 기타, 건반에 사용하면 빈티지 느낌의 독특한 사운드를 만들 수 있다.

그림 2-14 Waves Abbey Road Reel ADT

∞ Distortion: Soundtoys Decapitator

그림 2-15 Soundtoys Decapitator

Decapitator는 아날로그 음향장치의 세츄레이션을 모델링한 디스토션 이펙터로 보컬, 기타, 베이스, 드럼, 신스 등 거의 모든 소스와 잘 어울린다. 무작정 찌그러지고 부서지는 디스토션 효과가 아니라 아날로그 장비에서 들을 수 있는 음악적인 세츄레이션이 큰 장점이다. 소스트랙에 직접 연결도 가능하지만 필자의 경우에는 소스트랙을 복사하여 Decapitator로 과도하게 음향처리한 뒤 둘을 겹쳐 사용한다. 출시된 지 오래되었지만 아직도 즐겨 쓰는 플러그인이다.

∞ Reverb: Valhalla Shimmer

Valhalla Shimmer는 홀, 룸 등 공간을 모델링한 리버브가 아닌 모호한 사운드 캐릭터를 가지고 있는 리버브다. 아주 긴 리버브 타임이 특징이고 피치모드와 함께 환상적이거나 몽롱한 분위기를 연출하기 좋아 앰비언트, 일렉트로닉 스타일의 음악에 잘 어울린다. 보컬, 기타, 건반, 패드 등에 자주 사용한다.

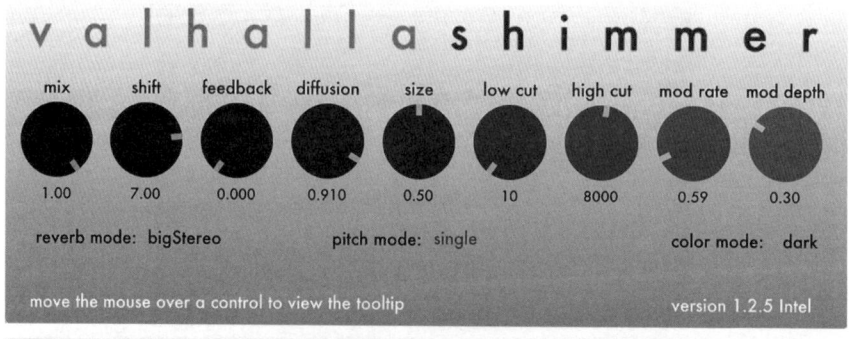

그림 2-16 Valhalla Shimmer

오토메이션

오토메이션이란 '프로그램에서 레벨을 비롯한 여러 파라미터들의 값을 미리 저장한 다음 음악을 재생하면 자동적으로 저장된 값이 실시간 조작되는 것'을 말한다. 다음의 경우에 오토메이션을 사용한다.

- 볼륨, 패닝, 뮤트
- 플러그인의 파라미터
- 샌드와 리턴의 레벨, 뮤트

한 곡을 믹싱하는 데 평균 8시간 정도 걸린다고 가정하면 필자는 약 2시간가량을 보컬과 악기의 오토메이션에 할애한다. 음절이나 단어 혹은 음 하나하나를 아주 세밀하게 조절하는 경우도 많은데, 가사나 멜로디를 부각시키고 보컬이나 악기 연주가 서로 부닥치지 않도록 특정 악기의 레벨이나 효과를 의도적으로 올리거나 내린다.

특히, K-POP 댄스 장르의 경우 복잡한 편곡 때문에 오토메이션은 상당히 중요하다. 마치 영상의 장면 전환처럼 각 파트마다 다양한 곡의 전개를 보여주려고 많은 악기와 보컬이 등장하기 때문에 이때마다 소스의 다이내믹을 오토메이션으로 제어하는 과정이 쉽지 않을뿐더러 시간도 상당히 오래 걸린다. 이러한 이유로 많은 작업자들이 컴프레서나 리미터로 다이내믹을 꾹꾹 눌러서 레벨을 일률적으로 만들어 버리는 경우가 종종 있는데, 번거롭더라도 오토메이션을 이용하면 다이내믹을 좀 더 자연스럽게 표현하는 것이 가능하다.

그림 2-17은 아이유의 「러브레터」 믹싱세션을 캡처한 그림으로 리드보컬 트랙(아래)과 보조트랙(위)의 오토메이션을 보여주고 있다.

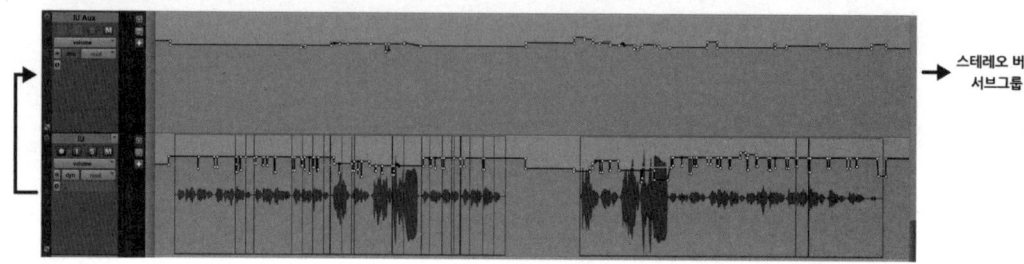

그림 2-17 볼륨 오토메이션

아이유 「러브레터」에 적용한 볼륨 오토메이션으로 보컬트랙(아래)과 보조트랙(위)을 거쳐 스테레오버스로 입력된다.

신호의 흐름을 살펴보면 먼저 보컬트랙에 필터, 이퀄라이저, 컴프레서를 연결하여 음향처리 후에 볼륨 오토메이션을 했고, 이 신호를 다시 내부 버스를 통해 위의 보조트랙으로 보낸 뒤 다시 한번 이퀄라이저, 컴프레서로 음향처리 후 볼륨 오토메이션을 했다.

이때 보컬트랙에서 오토메이션 후 보조트랙으로 보내는 출력레벨은 당연히 보조트랙의 입력레벨이 된다. 결국 보컬트랙의 출력레벨을 이용해 보조트랙에 걸린 컴프레서의 압축범위를 자유롭게 조절 가능하다는 의미이다. 이와 같은 신호의 흐름을 만드는 이유는 보조트랙 컴프레서의 압축 뉘앙스를 보컬트랙의 출력레벨로 세밀하게 조절하려는 것이 주된 목적이다.

위의 방식과 효과는 비슷하지만 신호의 흐름을 좀 더 단순하게 만들 수도 있다. 보조트랙을 쓰지 않고 소스트랙의 'Clip gain'을 이용하는 것인데, 코러스섹션이 가장 큰 레벨이라 가정하면 벌스섹션과 프리코러스섹션의 보컬 'Clip gain'을 높이거나 코러스섹션의 'Clip gain'을 낮춰 전체 레벨을 일정하게 한다. 이후에 트랙에 컴프레서를 연결해서 전체적으로 고르게 압축하는 방법도 있다.

물론 이 외에도 자신만의 창의적 신호의 흐름을 만드는 것은 얼마든지 가능하다.

덧붙이면, 필자는 적은 압축으로 컴프레서에 의한 뉘앙스 변화를 자제했고 수고스럽더라도 볼륨 오토메이션을 이용해 아티스트가 부른 느낌을 최대한 살리고자 했다. 그럼에도 마스터링과정에서 적지 않은 압축이 되어 다른 곡과 유사해졌는데 아무래도 앨범 수록곡과 비슷한 레벨과 음색을 유지하려다 보니 그러한 결과가 나오지 않았나 조심스레 추측해 본다.

리버브와 다양한 효과장치의 활용

리버브를 사용하기 전에 먼저 곡에 어울리는 공간을 고민해 본다. 연주하는 공간의 크기가 큰지 작은지, 울림이 많은지 적은지, 연주자와 관객과의 거리가 얼마나 떨어져 있는지, 곡의 분위기가 따뜻한지 차가운지를 머릿속에 자세히 그려본다.

리버브를 사용하는 목적은 크게 세 가지 정도로 나눠볼 수 있다.

(1) 의도한 공간을 연출하거나

(2) 자연스러운 공간으로 소스 간의 이질감을 덜어주거나

(3) 악기 혹은 보컬 사이에 명암을 주어 뚜렷한 이미지를 만들려는 목적이다.

어울리는 리버브 타입과 적당한 양의 리버브라면 사운드를 더욱 세련되고 자연스럽게 연출할 수 있고, 반대의 경우라면 유행에 맞지 않거나 부자연스럽게 되고 소스의 선명도마저 떨어뜨릴 수 있다.

연결하는 방식으로는 'SEND/RETURN'(병렬)과 'INSERT'(직렬)가 있다.

(1) SEND/RETURN. 새로운 보조트랙에 리버브 플러그인을 연결하고, 각 트랙의 SEND를 통해 리버브 보조트랙으로 오디오신호를 보낸다. 이때 각 트랙의 SEND 레벨로 리버브의 양을 조절한다. SEND로 보내는 오디오 신호의 양이 많으면 리버브가 많이 발생하고 반대로 오디오신호의 양이 적으면 리버브가 적게 발생한다. 그리고 오디오신호에 반응한 리버브 소리를 'RETURN'이라 하는데, 특별한 경우가 아니라면 리버브 RETURN의 레벨은 최초 설정된 0dB에 고정한다. 이때 리버브 플러그인의 'Dry/Wet'은 100% Wet으로 설정하여 리버브만 재생되도록 한다.

소스를 리버브 플러그인에 보낼 때는 모든 음향처리가 끝난 '포스트페이더 **post fader**' 신호를 보내는 것이 일반적이다. 그래야만 모든 음향처리가 끝난 소리에 반응한 리버브가 발생하기 때문이다. 그리고 리버브 장치에서 돌아오는 리버브는 그림처럼 'Solo Safe Mode'를 적용해서 해당 소스가 솔로 상태가 되더라도 리버브는 음소거되지 않고 오디오신호와 동시에 들을 수 있게끔 설정한다.

Solo Safe Mode 활성화 표시

비활성화

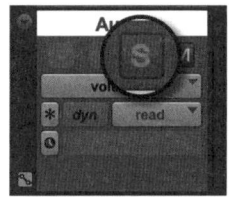
활성화

그림 2-18 Solo Safe mode

solo safe mode 활성화. ProTools.

(2) 특정 소스에 독립적으로 사용하려면 트랙에 바로 연결하는 INSERT 방식을 사용한다. INSERT 방식은 'Dry/Wet' 값의 비율로 소스와 리버브의 양을 조절하며 사운드를 만든다.

소스에 따라 리버브가 정해져 있는 것은 아니다. 다만 대중가요의 경우, 드럼에는 Ambiance, 스네어드럼에는 Plate, 기타에는 Room과 Ambiance, 피아노나 스트링에는 Hall과 Ambiance, 보컬에는 Hall, Plate, Ambiance 스타일의 리버브를 사용하는 경우가 많다. 악기별 리버브의 구체적인 활용은 3장과 4장에서 다루었다.

스테레오 이미지 확장

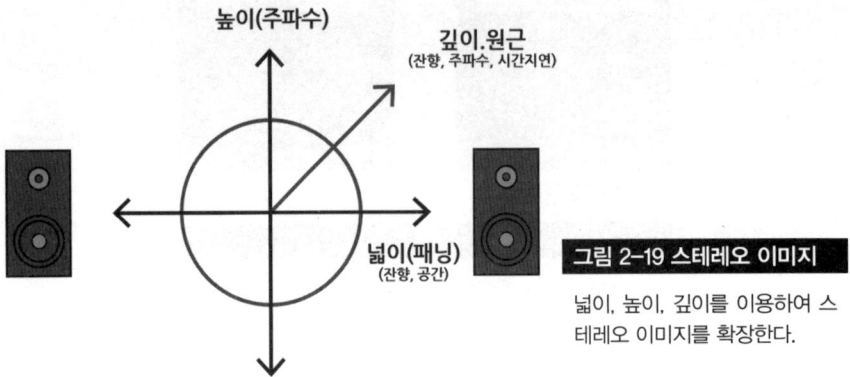

그림 2-19 스테레오 이미지

넓이, 높이, 깊이를 이용하여 스테레오 이미지를 확장한다.

믹싱이 발전되면 스테레오 이미지에 대해 고민하게 되는 단계가 온다. 적당한 스테레오 이미지를 가진 소스들로 채워져 별다른 음향처리 없이도 알맞은 넓이로 펼쳐지면 좋겠지만, 그런 경우는 흔치 않으므로 스테레오 이미지 확장 방법을 상세히 알아보기로 한다.

스테레오 이미지를 변화시킬 수 있는 방법은 크게 세 가지 정도로 나눌 수 있다.

(1) 팬을 이용해 좌우 '넓이'를 확장한다. 패닝은 좌우의 상대적인 레벨 차를 이용하는 원리다. 스테레오에서 좌측레벨이 우측보다 크면 소스가 좌측으로 이동하고, 반대로 우측레벨이 크면 소스가 우측으로 이동하는 일종의 '허상phantom image'을 이용하여 좌우 넓이를 조절하게 된다.

(2) 주파수를 이용하여 '높이'를 조절한다. 좌우 스피커 2개만으로 물리적인 높이를 표현하는 것은 불가능하지만 주파수를 이용하여 상대적으로 표현하는 것은 가능하다. 이를테면 원래 소스의 음색에 비해 고주파대역

을 많이 포함하면 심리적으로 소스의 위치가 높아지고, 저주파대역을 포함할수록 소스의 위치가 낮아지는 느낌을 받게 된다. 일반적으로 보컬을 기준으로 소스의 상대적인 높낮이를 표현한다.
(3) 레벨, 주파수 스펙트럼, 시간지연, 잔향을 이용해 '깊이'를 표현한다. 사운드의 '깊이' 혹은 '원근'을 표현하려면 거리에 따른 소리의 특징들을 유추하여 깊이를 연출한다.

이때 원근에 따른 소리의 특징으로는 소리의 크기 즉 '음압레벨'이 있다. 동일한 크기의 음원일 경우 당연하게 가까이 있는 소리는 크게 들리고 멀리 있는 소리는 작게 들린다. 다음은 '잔향'이다. 실내에서 발생하는 소리는 가까울수록 직접음이 잘 들리고 멀리 있는 소리일수록 반사음, 즉 잔향이 많이 섞여서 들린다. 또 하나의 요소는 '주파수 스펙트럼'이다. 원거리 음원은 근거리 음원에 비해 고주파의 에너지 손실이 더 크므로 가까운 소리가 더욱 선명하다. 마지막으로 거리로 인한 '시간지연'이다. 근거리 음원이 원거리 음원보다 먼저 들리므로 이 둘 사이에 시간지연이 발생한다.

위의 특징들로 한 가지 예를 들어보기로 한다. 만약 어쿠스틱 드럼 바로 뒤에 스트링이 존재하는 이미지를 만들려고 한다면 드럼보다는 스트링의 레벨이 작아야 하지만 실제로 레벨 조정은 그리 효과적이지 못하다. 왜냐하면 의뢰인의 대부분은 드럼과 스트링 모두 잘 들리기 원할 것이고, 실제 연주된 스트링의 경우 많은 인원의 연주자, 편곡, 녹음 등으로 이미 많은 비용을 들였기 때문에 돋보이길 원할 것이다.

그렇다면 두 악기 모두 잘 들리지만 종이 한 장 차이로 스트링이 드럼 뒤에 있으려면 어떤 방법이 효과적일까? 바로 '공간감'을 이용하는 방법이 있다.

가령, 어쿠스틱 드럼에는 Ambiance 스타일의 리버브를 사용하고 스트링에는 Hall, Church 계열의 리버브를 적절히 사용하면 두 악기가 구분되고 스트링의 공간이 드럼에 비해 좀 더 크게 표현된다. 공간이 크면 아무래도 잔향이 길고 다소 흐린 뉘앙스로 인해 스트링이 자연스럽게 드럼 뒤로 약간 물러서게 된다. 결과적으로 스트링의 존재감이 모호해지지 않고 단지 공간에 차별을 두면서 드럼과는 아주 잘 어울릴 것이다.

위에 열거한 요소 외에 플러그인의 도움을 받아 스테레오 이미지를 확장할 수도 있다. 예를 들어, iZotope Ozone Imager나 Waves S1은 조작이 쉽고 그 효과도 분명하다. 하지만 지나치면 윤곽이 흐려지거나 존재감, 파워가 약해지는 경향이 있다. 룸, 앰비언스, 홀 등 공간을 모방한 리버브 역시 스테레오 이미지를 확장하는 데 큰 도움이 된다.

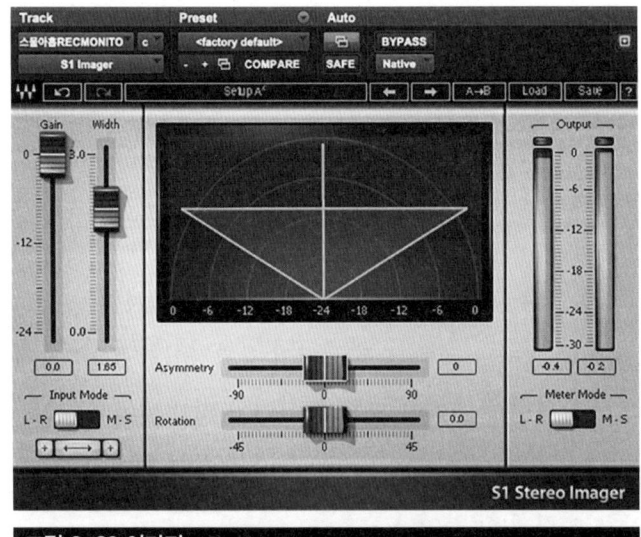

그림 2-20 이미저

스테레오 이미지의 넓이나 위치를 손쉽게 조절할 수 있지만 과도하게 넓히는 경우 에너지가 분산되어 소스의 존재감이나 파워가 약해지는 경향이 있다. Waves S1 Imager 플러그인.

소스의 선명도, 명료도 높이기

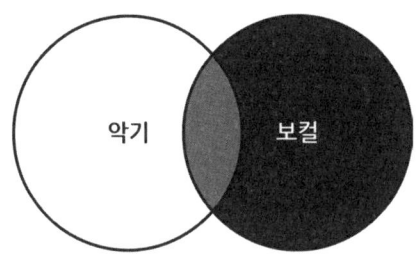

그림 2-21 소스의 명료도
소스 간의 상대적 명암 차로 입체감을 강조한다.

소스의 명료도definition는 소스 간에 분리되어 있는 정도와 밀접한 관계가 있다. 명료도가 높으면 레벨을 높이지 않아도 잘 들려 불필요한 레벨 증가와 주파수 스펙트럼이 혼잡해지는 것을 줄일 수 있다. 편곡이 복잡할수록 각 악기마다 주음역대 이외의 주파수는 과감히 필터링하고 단단하게 압축하는 것이 효과적이다. 명료도를 나타내는 객관적 기준이 있는 것은 아니므로 소스 간의 상대적인 명암 차를 나타내어 향상시키도록 한다.

섹션별 다이내믹 확인

이제부터는 조금 떨어져서 곡 전체의 흐름을 확인하는 순서다. 이미 소스의 음색과 다이내믹을 세밀하게 조정했고 리버브를 사용해 공간도 연출했으므로 이전과는 많이 달라졌을 것이다. 위의 '집중' 단계에서 언급한 내용으로 곡 전체의 다이내믹을 섹션별로 나눠 곡의 흐름을 의도한 방향으로 조정한다. 동시에 보컬이 항상 곡의 중심이 되도록 악기와의 다이내믹 조화를 중점적으로 확인한다.

순환

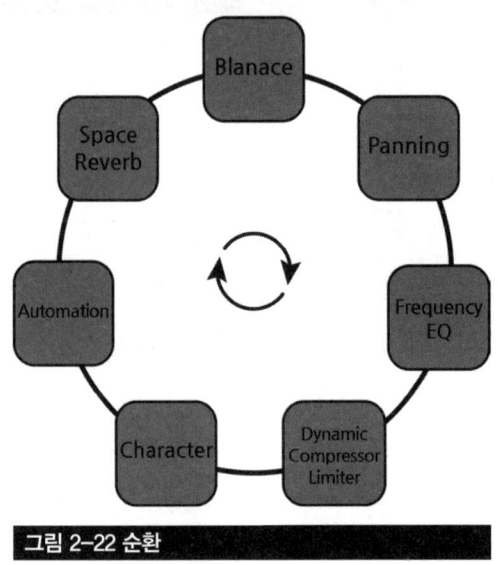

그림 2-22 순환

믹싱은 원하는 사운드를 만들어 가는 순환적인 과정이다.

이제부터는 지금까지의 과정을 되돌려 '빠르게' 믹싱한다. 한곳에 집착하지 않고 전체 그림을 살필 수 있도록 속도감 있게 믹싱을 한다. 이러한 과정을 지속적으로 반복하다 보면 어느덧 사운드가 차츰 정리되는 것을 느낄 수 있다.

믹싱은 순환적인 과정으로 시작부터 끝까지 한 번에 완성하지 말고 여러 번 반복하면서 조금씩 앞으로 나아간다. 이를테면 보컬의 볼륨 오토메이션을 하다 리듬의 밸런스를 수정하기도 하고 스테레오버스에서 리미팅을 하고 다시 리드보컬의 밸런스를 조정하기도 한다.

하지만 정리에만 목적을 둔다면 평범하거나 다소 긴장감이 떨어지는 사운드가 된다. 가령 에너지가 넘치는 거친 스타일의 곡인데 사운드가 너무 깔끔하거나 다이내믹의 움직임이 지나치게 통제되어 있으면 이것 또한 올바른 표현방법은 아니다.

믹싱은 음악을 전달하려는 하나의 표현 수단이다. 기술적이고 객관적인 기준에 집착하기보다 유통 음원으로 요구되는 레벨, 명료도, 포맷 등 최소한의 기준과 형식 위에 자신만의 개성 있는 음악적 표현을 목표로 한다.

문하생 시절, 오랫동안 모 음향감독님의 보조엔지니어를 맡았는데 한 곡을 믹스하면서 약 8시간 중 약 3~4시간가량을 식사와 휴식시간으로 사용하시는 것을 보고 적잖이 당황한 적이 있다. 물론 당시의 음악이 지금의 K-POP 스타일처럼 복잡하지는 않았다. 하지만 이러한 상황을 고려해도 4~5시간으로 수준 높은 사운드를 만든다는 것은 물리적으로 불가능할 것 같았지만, 그분은 항상 최고의 사운드로 관계자들을 만족시키면서 믹싱세션을 마쳤다. 돌이켜 보면 특정 소스에 집착하지 않고 과감히 다음 단계로 나가면서 큰 그림을 완성하는 데 집중하셨고, 휴식시간에는 피곤한 귀를 쉬며 다음 단계에 관한 정리도 하셨음이 틀림없다. 더불어 오랜 경험과 정상급 연주자, 아티스트들의 퀄리티 높은 작품은 최고의 결과물을 얻는 데 큰 역할을 했을 것이다.

마무리

　믹싱과정을 정리하고 마무리하는 단계다. 오랜 시간 집중하면서 피로해진 눈과 귀를 쉴 수 있게 충분한 휴식을 취한다. 밖으로 나가 산책을 하는 것도 좋다. 필자는 스포츠경기를 보면서 잠시 휴식을 취하는데, 관심을 다른 곳에 두면 머리가 한결 가벼워진다.

　적당한 휴식 뒤의 모니터링은 이전과 상당히 다른 밸런스로 느껴진다. 이때 한발 물러서서 평범한 청취자의 입장으로 곡을 들어보며 아래의 내용을 참고로 믹스 프린트를 준비한다.

믹스 체크리스트

　최종 믹스는 크게 두 가지 기준으로 판단한다. 하나는 음악을 표현하는 예술적 기준이고, 다른 하나는 구독자에게 서비스하는 상품에 요구되는 기술적 기준이다. 올바른 판단을 위해 다음의 내용을 참고하여 자신만의 체크리스트를 작성한다.

∞ 음악적 표현

믹스에서 가장 우선되는 기준으로, 음악을 얼마나 잘 표현했는가를 살펴본다. 장르, 스타일, 그루브, 느낌, 곡의 방향 등 온전히 음악적 관점으로만 바라본다. 사운드에 몰두하다 보면 기술에 치우쳐 음악적 표현을 소홀히 하는 경우가 있으므로 처음 생각했던 믹싱 방향을 떠올리며 음악적으로 잘 표현되었는지를 중점적으로 확인한다.

∞ 가사 전달

메시지가 중요한 곡은 가사 전달에 더욱 신경 써야 하기 때문에 보컬의 명료도와 다른 악기에 의한 마스킹 정도를 파악한다. 치찰음을 제거하는 디에서는 과도하게 사용하면 오히려 정확한 가사전달을 방해할 수도 있다.

∞ 밸런스

모든 음악적 요소들의 밸런스가 적정한지를 확인하되 보컬과 악기 간의 상대적 밸런스를 중점적으로 살펴본다. 그리고 리드보컬이 섹션마다 일정한 음량으로 맞춰져 있는지 시작부터 끝까지 한 호흡으로 들어보면서 확인한다.

∞ 명료도

소스가 명료하게 들리는지, 소스끼리 너무 붙어있거나 뭉쳐있는 부분은 없는지 살펴본다. 소스의 명료도를 높이면 굳이 레벨이 높지 않아도 또렷하게 들리므로 다이내믹 레인지 측면에서 상당한 이득이 된다. 편곡이 복잡할수록 명료도는 더욱 중요하다.

∞ 주파수 스펙트럼

스펙트럼 애널라이저에서 균일한, 혹은 특정한 모양이 되어야 좋은 믹스라고 얘기하는 사람도 있지만 주파수 스펙트럼을 간단하게 판단하는 방법은 바로 레퍼런스와 비교하는 것이다. 되도록 대중적으로 인기 있는 음원들과 비교해서 내 믹스가 특정 주파수대역에 치우쳐져 있는 것은 아닌지 관찰한다.

∞ 공간감, 입체감

공간감과 입체감은 사운드의 넓이(wide), 깊이(depth), 높이(height) 측면으로 판단한다. 악기 수가 적은 음악일수록 미세한 부분까지 잘 들리기 때문에 공간감과 입체감이 더욱 중요하다.

∞ 믹스레벨

LUFS미터와 트루피크미터로 믹스레벨을 확인한다. 마스터링을 고려하여 최종 믹스레벨의 헤드룸은 약 5dB가 적당하다. 리미터나 마스터링 소프트웨어를 이용해야 한다면 너무 높은 레벨로 오디오신호가 왜곡되지 않도록 주의한다.

이외에도 시작부터 끝까지 음악적 긴장감을 유지하고 있는지, 의뢰인이 요청한 부분을 잘 표현했는지, 캐릭터나 흥미를 끌 수 있는 요소가 있는지 등을 확인한다.

듣기

정리하는 단계일수록 수시로 모니터링 레벨을 변경해서 듣고 모니터 스피커나 재생용 디바이스를 바꿔 들어보면서 다양한 청취자의 환경을 가정해서 확인한다. 동시에 자주 휴식을 취하면서 귀에 피로가 쌓이지 않도록 하는 것이 중요하다.

어느 정도 마무리가 되어가고 있다는 생각이 들면 적당한 시점에 믹스를 프린트해서 자신의 방이나 승용차처럼 음악을 자주 듣는 익숙한 공간에서 들어본다. 휴대폰이나 노트북처럼 다양한 디바이스를 이용해 모니터하는 것도 좋은 방법이다. 이미 귀가 예민해진 상태이므로 머릿속에는 주파수, 음압, 음색, 파형과 같은 기술적인 요소들이 떠오르겠지만 가능한 한 음악적 표현을 중심으로 냉정하게 판단하여 수정할 내용을 메모한다. 메모를 참고하여 필요한 곳을 수정하고 이 과정을 두세 번 정도 반복하면서 믹스를 마무리한다.

믹싱을 언제 끝내야 하는가에 대한 답은 다양하다. 끝내야 하니까 끝내거나 지쳐서 더 이상 할 수 없거나, 혹은 지불된 믹싱 기술료만큼의 시간 안에 끝내기도 한다. 일반적인 경우에는 위에 언급한 체크리스트의 내용이 믹싱 엔지니어의 주관적 기준에 부합하면 믹싱은 마무리된다.

믹싱은 끝없는 시간 동안 정답을 찾는 과정이 아니라, 주어진 시간에 가장 잘 어울리는 사운드를 만드는 과정이다. 특히 프로페셔널 믹싱 엔지니어가 목표인 사람이라면 주어진 시간을 엄격하게 지키는 연습도 필요하다. 자신의 곡이라면 다르겠지만 의뢰받은 경우라면 시간은 곧 의뢰인이 지불해야 하는 비용이므로 정해진 작업시간 안에 완성하는 것을 요구받게 된다.

믹스레벨

믹스레벨을 높이려면 결국 리미터나 맥시마이저를 사용해 높은 압축을 해야 하는데 과연 이러한 음향처리가 사운드에 문제를 일으키지는 않는지 한 번쯤은 고민해 본 경험이 있을 것이다.

베테랑 마스터링 엔지니어이자 전 AES(Audio Engineering Society)회장이었던 Jonathan Wyner는 "리미터나 맥시마이저를 사용함에 있어 사운드적으로나 음악적으로 그 효과가 뚜렷하고 거기에 확신이 있으면 사용할 것을 권한다. 그러면 마스터링 엔지니어는 그 부분을 충분히 이해하고 너무 높은 레벨이라면 내려서 프로세싱하고 다시 올릴 것이다. 하지만 단순히 레벨만 끌어올릴 목적이라면 불필요한 일이고 마스터링 과정만 불편하게 만들 수 있다.[08]"라고 말했다. 이는 많은 관계자들이 여전히 높은 레벨을 선호하지만 '레벨을 위한 레벨'보다는 오히려 사운드 변화에 기준을 둬야 하고, 특히 리미터나 맥시마이저를 사용할 경우 음악적 뉘앙스나 왜곡을 더욱 세심하게 살펴야 한다는 뜻이다.

그렇다면 믹스레벨은 어느 정도가 적당한가.

마스터링 엔지니어가 좀 더 자유롭게 신호처리 할 수 있도록 헤드룸을 약 5dB 정도 남길 것을 권장한다. 하지만 실제 그 정도 레벨의 믹스를 들려주었다가는 의뢰인의 성화로 다시 믹싱을 해야 하는 상황이 벌어질지도 모른다. 많은 관계자가 마스터링 후 변화되는 사운드를 명확히 예상하지 못하므로, 이미 발매된 곡들에 비해 레벨이 너무 작아 믹싱에 문제가 있다고 오해할 확률이 아주 높기 때문이다. 이에 대응하는 현실적인 제안은 모니터링을 위한 믹스버전과 마스터링 스튜디오에 보낼 믹스버전 두 가지를 준비하는 것이다.

관계자들을 위한 모니터링 믹스는 리미터나 맥시마이저를 사용하되 너무 높은 레벨로 곡 전체의 음악적 뉘앙스를 과도하게 변화시키기보다 오히려 '레벨을 위한 레벨'을 목적으로 증가시키고, 마스터링 스튜디오에 보내는 믹스는 리미터나 맥시마이저를 사용하지 않은 믹스버전을 보내도록 한다. 만약 이도 저도 결정하기 힘들다면 두 가지 버전을 모두 마스터링 스튜디오에 보내서 마스터링 엔지니어가 선택하도록 하거나 조언을 얻는 것도 괜찮은 방법이다.

헤드룸 외에 믹스레벨설정에 도움이 되는 지표로는 피크레벨, RMS(Root Mean Square)레벨, LUFS레벨이 있다. 곡의 장르와 편곡에 따라 시시각각 변하는 레벨을 단순히 숫자로 제시하기엔 무리가 있지만 그럼에도 세 가지 레벨은 적절한 믹스레벨설정을 위해 반드시 참고하도록 한다.

참고로, 아래의 권장 레벨은 모두 스테레오버스의 최종 단계에서 리미터나 맥시마이저를 사용하지 않는 조건으로 나타내고 있다.

(1) 오디오신호의 최대 순간 레벨을 나타내는 '피크레벨'은 0dBFS이하로 설정하여 클리핑이 발생하지 않도록 하고, 마스터링을 위해 약 3~5dB정도의 여유 있는 헤드룸을 갖도록 한다.
(2) 신호의 피크와 같이 레벨의 변화가 잘 반영된 'RMS레벨'은 피크레벨과 약 −10~15dB 차가 적당하다. 벽돌모양의 파형처럼 피크레벨과 RMS레벨과의 차이가 너무 작으면 곡 전체의 다이내믹에 변화가 적어 곡에 생

기가 없거나 시종일관 시끄러울 수가 있고, 반대로 레벨 차가 너무 크면 곡 전체의 레벨을 많이 올리기가 힘들어 어쩔 수 없이 코러스섹션과 같이 다이내믹이 큰 부분을 과도하게 압축해야 한다. 이러한 문제를 해결하려면 각 사운드소스 혹은 섹션별 다이내믹 관리가 상당히 중요하다.

(3) 마지막으로 믹스레벨설정에 고려해야 할 중요한 기준은 LUFS레벨로, 곡 전체를 나타내는 'Intergrated LUFS'는 약 −15~20LUFS가 알맞다. LUFS는 곡 전체의 주관적인 음량을 정량화하므로 올바른 믹스레벨 설정에 있어 또 하나의 중요한 지표다.

 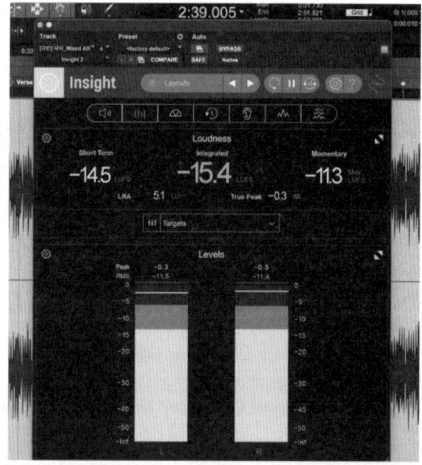

그림 2-23 믹스레벨

리미터와 맥시마이저를 사용하지 않은 두 곡의 믹스를 레벨 미터로 측정하여 비교하였다. 스탠딩에그의 「오래된 노래」(좌)는 True peak: −1dB, RMS: 약 −14dB, LUFS(Integrated, EBU R128): 약 −18LUFS, LRA(loudness range): 약 9LU이고, 규빈(Feat. 원슈타인) 「낙서」(우)의 True peak: −0.3dB, RMS: 약 −11dB, LUFS: 약 −15LUFS, LRA: 약 5LU이다. 서로 다른 음악적 장르로 인해 다이내믹에서 차이를 보이고 있다.

프린트

오랜 시간 동안 애썼던 믹싱을 마무리할 시간이다. 믹스 오디오 파일을 만들기 위해서는 먼저 곡의 시작과 끝을 '페이드인', '페이드 아웃' 처리하여 깔끔하게 정리한 뒤 '바운스'나 사용 중인 DAW 혹은 다른 저장매체로 실시간 '프린트(레코딩)'한다. 인더박스믹싱의 경우에는 바운스나 프린트 두 가지 방법 모두 가능하고 믹서나 외부 음향장치를 사용했을 경우에는 프린트만 가능하다.

프린트나 바운스는 곡의 시작과 끝에 충분한 시간적 여유를 두어 오디오신호가 끊기지 않도록 한다. 그리고 프린트과정에서 노이즈가 들어갈 수도 있으므로 모니터 스피커보다는 헤드폰으로 듣는 것을 권한다.

∞ 페이드인, 페이드아웃

곡의 시작과 끝은 매끄럽고 무음으로 마무리되도록 페이드인, 페이드아웃 처리를 한다. 여러 곡을 싣는 경우에는 앞뒤 곡간 간격을 고려해야 하므로 믹싱에서 처리하지 않고 마스터링 단계에서 하는 것이 효과적일 때도 있다.

페이드아웃은 마지막 코러스섹션이나 아웃트로 이전부터 여유 있게 들어보면서 적당한 페이드아웃 시작점을 찾는다. 만약 엔딩만 듣고 페이드 처리할 경우 생각보다 갑작스럽게 끝나거나 반대로 지루하게 늘어질 수도 있다.

∞ 프린트

프린트print는 믹스 오디오 파일을 만드는 가장 보편적인 방법이다. 믹서 중심 혹은 하이브리드 믹싱 방법의 경우 동일한 DAW 안에 새로운 트랙을 생성하여 그림과 같이 실시간으로 프린트한다. 이때는 스테레오버스에서 DA(Digital to Analog)컨버터를 통해 아날로그 방식으로 출력되고 외부 음향장치를 거쳐 다시 AD(Analog to Digital)컨버터를 통해 입력되기 때문에 컨버터나 인터페이스의 품질이 믹스의 사운드에 큰 영향을 미친다. 경우에 따라서는 동일한 DAW로 입력하지 않고 다른 시스템에 프린트하여 믹스 오디오파일을 만들기도 한다.

프린트한 트랙의 믹스클립은 '파일로 내보내기export as files'메뉴를 이용해 믹스 오디오파일로 만든다.

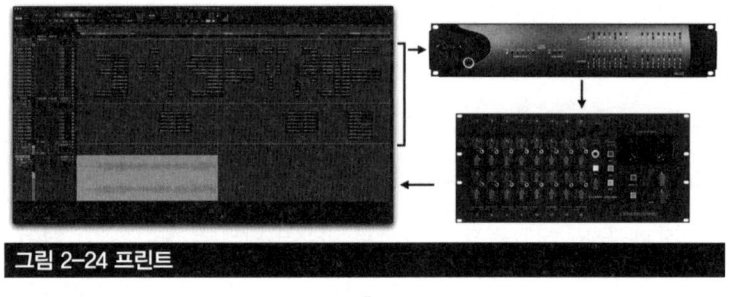

그림 2-24 프린트

하이브리드 믹싱 방식의 경우 DAW에서 출력된 오디오신호를 다시 DAW로 입력시켜 프린트한다.

8 바운스 믹스

바운스bounce는 '오프라인 바운스offline bounce'와 '리얼타임 바운스real time bounce'가 있다. 오프라인 바운스는 리얼타임 바운스에 비해 처리속도가 빠른 것이 장점이지만 외부 기기를 연결했을 경우 오프라인 바운스에 포함되지 않는 단점이 있다. 리얼타임 바운스는 실시간으로 믹스 오디오파일이 생성되는 것을 말하며, 그림 2-24와 같이 오디오신호를 외부 하드웨어와 연결했거나 외부와 동기화되었을 경우에는 반드시 리얼타임 바운스를 사용해야 한다.

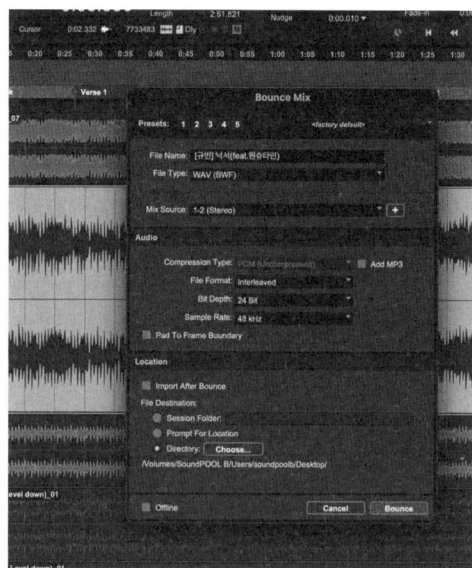

그림 2-25 바운스 메뉴
다양한 포맷으로 오디오 파일을 생성할 수 있으며 오프라인과 리얼타임을 선택할 수 있다.

바운스한 믹스 오디오파일의 경우, 고해상도(32, 24비트) 믹스 오디오파일을 저해상도(16비트)로 내리거나 높은 샘플링주파수에서 낮은 샘플링주파수로 변환시에는 '디더dither'를 사용하여 앨리어싱과 잡음을 줄임으로써 오디오의 품질을 향상시킬 수 있다.

'앨리어싱aliasing'은 아날로그 신호를 디지털 데이터로 바꾸는 샘플링 과정에서 발생하는 오류로 초당 샘플 수가 원래 신호의 주파수보다 너무 낮을 때 발생한다.

8 믹스 피드백

믹스를 관계자에게 보내고 의견을 기다린다. 불안한 마음에 계속 고민하고 있을 필요가 없다. 어차피 부족한 점은 창작자나 의뢰인이 찾아줄 것이다. 믹싱 엔지니어가 마치 점쟁이라도 된 것처럼 의뢰인의 생각을 읽고 백 퍼센트 만족시킬 수 있을 것이라고 기대한다면 잘못된 생각이다. 그것은 가능하지 않고 굳이 그럴 필요도 없다. 음악에 참여한 모든 사람이 함께 만드는 것이라 여기면 한결 부담이 덜하고 생각도 자유로워진다. 그러한 여유 속에서 독창적인 사운드도 만들어진다.

창작자나 프로듀서 혹은 아티스트가 스튜디오로 직접 방문하는 경우 올바른 판단을 위해 최대한 편안하게 대해 주는 것이 좋은데, 필자의 경우에는 엔지니어를 의식하지 않고 자유롭게 의견을 정리할 수 있도록 듣는 동안 잠시 자리를 비우기도 한다. 의뢰인과 함께 들어볼 때는 마치 답안지를 채점하는 것처럼 다소 긴장이 되고 모니터링이 끝나고 마주할 때 그들의 표정이 결과물에 대한 생각을 말해주기도 한다.

만약 의뢰인이 원하는 결과물이 아니란 것을 알게 되었을 경우 지금의 결과물을 가지고 설득하려 하거나 이렇게 될 수밖에 없었던 원인을 들며 방어적 태도를 취하기 쉬운데, 작업자의 믹싱 방향이나 의도를 설명하는 것은 자연스럽고 필요하지만 상대방이 그것을 공감하지 못한다면 결과물에 문제가 있다는 것을 받아들여야 한다.

하지만 의뢰인이 만족하지 못했다고 해서 작업자가 틀렸다는 의미는 아니다. 사운드에 관해서는 옳고 그름을 판단하는 문제가 아니라 음악을 표현하는 방식의 문제이므로, 다른 방식으로 표현해 달라는 의뢰인의 의견을 거부감없이 수용하는 자세가 필요하다. 그리고 그에 따른 결과물은 말이 아닌 공감할 수 있는 음악적 표현으로 듣는 사람을 설득하는 것이 무엇보다 중요하다.

∞ 믹스 수정

믹스 수정과 관련한 내용은 아티스트, 창작자 혹은 A&R을 통해 전달받는데, 가능하면 대화 창구를 일원화하는 것이 효율적이다. 회사 내부에서 의견이 분분하면 중간에서 곤란한 경우가 있어 가능하면 회사 내부에서 모든 의견 조율이 되고 난 이후 그 내용을 전달받는 것이 정확하다.

수정할 내용은 텍스트로 전달받는 것이 좋다. 수정하려는 방향이나 의도를 이해하려면 당사자와 직접 대화하는 것이 확실하지만 만약 A&R을 통해서 전달받는 경우라면 잘못 해석하거나 오해할 여지가 있어 그 내용을 분명히 파악하기가 어렵다. 뿐만 아니라 의뢰인도 요청하고자 하는 내용을 작성하는 가운데 모호한 부분이 명확하게 정리되는 효과도 있다.

스튜디오에서 믹스를 같이 들으면서 수정하는 것도 좋은 방법이다. 필자는 이 방법을 더 선호하는 편인데 결국 말로 표현하기보다 같이 듣고 서로 공감하는 가운데 조율하는 것이 효과적이고, 특히 친밀한 대인관계형성에 큰 도움이 된다.

수정이 완료되면 다시 프린트를 해서 전달하고 피드백을 기다린다. 만약 자신의 곡이라면 하루나 이틀 정도 여유를 두고 체크한다. 자칫하면 끝없는 '수정의 늪'에 빠지는 경우가 있기 때문에 기한을 정해두거나 위에 설명한 믹싱 체크리스트와 같은 기준을 정한다.

∞ 믹스, 믹스 스템

믹싱이 끝나면 공연, 방송, 행사 등의 목적을 위해 기획사로부터 필요한 믹스와 믹스 스템을 요청받는다.

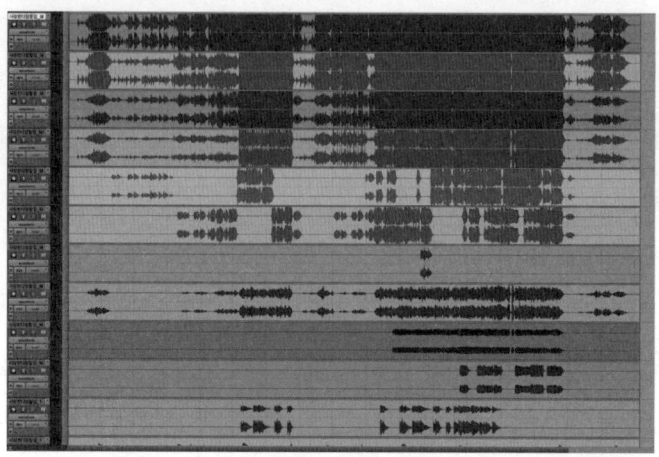

그림 2-26 믹스와 스템
주로 공연, 방송, 영상을 위한 오디오나 믹스파일 아카이브용도로 사용된다.

1) 믹스

- MIX/AR: 앨범에 수록되는 가장 기본이 되는 믹스. 맥시마이저를 거친 것과 그렇지 않은 두 가지 믹스를 프린트하여 의뢰인에게는 맥시마이저 처리된 버전을 보내고 마스터링 스튜디오에는 두 가지 혹은 맥시마이저를 거치지 않은 믹스를 보낸다.
- MR/TV Mix: 리드보컬이 없고 백그라운드보컬과 반주가 있는 믹스. 간단한 공연, 방송, 행사에 적합하다.
- INST/Instrumental Only Mix: 모든 보컬은 음소거하고 악기만 재생되는 믹스. 공연, 행사, 방송, 영상 편집용 등에 사용된다.
- Vox Only Mix: 리드보컬만 프린트한 믹스. 맥시마이저는 사용하지 않는다.
- Chorus Only Mix: 백그라운드보컬만 프린트한 믹스. 역시 맥시마이저

는 사용하지 않는다.

2) 믹스 스템

'믹스 스템mix stem'이란 믹스의 하위 개념으로 개별 사운드소스와는 다르게 믹싱이 끝난 세션에서 특정한 소스만을 프린트하는 것이다. 따라서 프린트한 각 소스 스템을 재생하면 믹스와 거의 동일하다고 볼 수 있다. 하지만 스테레오버스단계에서 맥시마이저를 사용하게 되면 맥시마이저의 레벨 증가 기능으로 인해 믹스에서의 레벨과 개별 소스만 있는 상태에서의 레벨에 차이가 발생하며 결국 의도치 않게 믹스 밸런스에 변화가 생기므로 맥시마이저는 바이패스상태에서 프린트한다. 주로 리믹스, 공연, 방송, 드라마 BGM 믹싱, 믹스파일 아카이브 등을 위해 사용된다.

악기 종류와 보컬을 기준으로 Drum, Percussion, Bass, Acoustic Gt, Electric Gt, Lead Vocal, Vocal Dub, BG Vocal, Rap 등으로 프린트한다. 프린트 방법은 크게 두 가지로, 스템으로 만들려는 소스트랙을 솔로로 놓고 실시간으로 프린트하거나 원하는 소스마다 출력 경로를 동일하게 지정한 뒤 한 번에 프린트하는 방법이 있다. 두 번째의 경우 출력 경로를 다시 설정하는 과정에서 실수가 있으면 실시간으로 확인이 불가능하므로 첫 번째의 경우처럼 다소 시간이 걸리더라도 솔로로 지정해서 직접 모니터링하면서 프린트하는 방법을 권한다.

스템을 프린트할 때는 스템 간의 동기화를 위해 시작과 끝을 모두 동일하게 맞춰야 하며, 거의 모든 믹스 스템은 실시간으로 프린트하기 때문에 요청하는 믹스 스템의 종류가 많을 경우 시간이 오래 소요되므로 의뢰인에게 추가비용을 요청할 수 있다.

8 백업과 아카이브

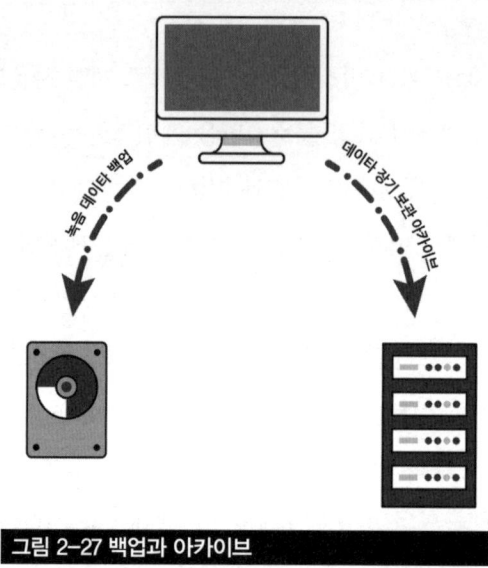

그림 2-27 백업과 아카이브
사용 중인 데이터의 손실에 대비해 수시로 백업하고 작업이 끝난 믹스세션 파일은 아카이빙한다.

1) 백업

대부분의 음악작업에서는 HDD, SSD와 같은 저장장치를 사용하게 되는데, 저장장치에 문제가 생기거나 작업자의 실수로 데이터가 지워지는 등 의도치 않은 돌발상황이 발생하는 경우가 있다. 이를 대비하여 필수적으로 원본을 복사를 해두는 '백업backup'을 한다.

백업과정은 단순해야 한다. 대중음악 한 곡에 해당하는 용량은 대략 5GB 내외로 클라우드나 서버를 이용한 저장도 가능하고 이동식 대용량 저장장치를 사용할 수도 있다.

간혹 앨범 전체가 담겨있는 저장장치에 이상이 생겨 큰 어려움을 겪었다는 얘기가 들려오면 백업의 중요성에 대해 다시 한번 경각심을 갖게 된다. 필자의 경우 매일 업무가 끝나면 이동식 저장장치를 연결해서 복사하는 단순한 방법으로 백업한다.

2) 아카이브

모든 프로젝트가 끝나고 앨범이 출시되면 최종 믹스세션 파일을 정리하여 대용량 저장장치에 아카이빙한다. 음악작업에 필요한 데이터 용량은 크지 않아 전문 아카이브 시스템을 이용하기보다는 약 1테라~4테라 내외의 외장형 대용량 저장장치를 이용하는 것이 저렴하고 효율적이다. 아카이브용 저장장치도 물리적인 손상을 입을 수 있기 때문에 모든 데이터를 한곳에 보관하기보다 적당한 용량으로 분산하여 앨범 단위나 연도별로 나눠 저장하고, 가능하면 클론 디스크도 만들어 보관한다.

아카이브 데이터는 아티스트, 프로젝트, 곡, 작업 날짜 등으로 색인 작업하여 필요시에 즉시 찾아 사용할 수 있도록 준비한다.

Mix #2

스탠딩에그, 「La La La」

스탠딩에그는 올해 데뷔 15주년으로 아직도 왕성한 활동을 하고 있는 팀이다. 첫 앨범 「StangdingEgg」(2010)로 그 이름을 세상에 처음 알렸다. 이 앨범의 타이틀곡 「La La La」는 첫 녹음부터 최종 사운드의 이미지가 머릿속에 그려져 있었고, 이후의 믹싱은 온전히 그것을 적절하게 표현하기 위한 과정이었다.

각 소스마다 어울리는 음색을 찾기 위해 다양한 아날로그 하드웨어와 플러그인을 활용했고, 보컬에는 하드웨어 형태의 Empirical Labs Distressor와 GML EQ를 사용하였다. 곡에 많은 에너지를 불어넣고 보컬의 단단한 다이내믹을 위해 리버브, 딜레이는 최소한으로 사용했다.

보컬과 악기의 리듬은 상당히 중요한 부분이었는데, 자칫하면 보컬이 리듬에 끌려가거나 리듬을 앞서가지 않도록 리듬악기와 보컬을 직접 편집하고 컴프레서의 어택과 릴리즈를 조절하여 뉘앙스를 변화시켜 긴장감을 유지하는 데 포커스를 맞췄다.

    스탠딩에그는 15년 전처럼 여전히 같은 연주자와 스텝이 함께 앨범을 만들고 있다. 필자 역시 글을 쓰고 있는 지금도 그들과 함께 새 앨범을 작업 중이다.

    발매될 새 앨범과 15년 전 첫 앨범의 '에그 2호' 목소리를 비교해 보면 어떨까? 15년이란 긴 시간에서 변화된 목소리의 차이를 발견하는 것도 흥미롭지 않을까 생각한다.

Mixing Music
The Balance of Art and Technology

3장 실제

3장에서는 보컬, 드럼, 베이스 등 각 소스별 음향처리방법과 그 활용에 대해 자세히 설명하고자 한다.

믹싱은 음향장치의 파라미터 값에 의존하기보다 귀로 듣고 판단하는 경우가 많고 장치의 사용법도 상황에 따라 확연히 달라질 수 있어 현실적으로 모든 상황에 맞는 방법과 기술을 찾는 것은 불가능하다. 뿐만 아니라 다른 사람의 방법이 내게 맞는지도 확언할 수 없다. 이러한 이유로 보편적인 방법을 예로 들어 각 소스별 음향처리에 관해 설명하였고, 이를 바탕으로 자신만의 접근 방법을 찾는 것이 중요하다.

더불어 믹싱은 각 사운드소스가 톱니바퀴처럼 연결되어 있어 하나의 소스를 변화시키면 이와 관련된 다른 소스도 동시에 변하므로 소스 간의 상관관계를 파악하는 것 역시 믹싱을 이해하는 데 상당한 도움이 된다.

Lead Vocal

　대중음악에서 리드보컬의 비중이 가장 높으므로 가창자의 컨디션, 퍼포먼스의 완성도, 마이크 성능과 음색, 룸 앰비언스 등 모든 부분에서 최고의 상태로 녹음하는 것을 목표로 한다. 심지어 팝 필터의 재질이나 두께도 중요한 고려 대상이다. 녹음 중인 보컬의 음색이 마음에 들지 않는다면 이퀄라이저를 사용하기보다는 가창자의 목소리에 어울리는 마이크나 프리앰프로 교체하는 방법이 훨씬 현명한 선택일 것이다.

　믹싱과정 역시 '보컬'의 음향처리에 가능한 한 많은 시간과 공을 들여야 하는데 그 바탕이 되는 것은 바로 효과적인 '오디오 시그널 체인audio signal chain', 즉 오디오신호 경로의 설계다. 각 단계마다 뚜렷한 사용목적과 방법을 가지고 그 결과를 예상하여 알맞은 연결순서를 찾아 원하는 사운드를 만든다.

　그림 3-1은 리드보컬에 적용하는 일반적인 오디오신호의 경로를 나타내고 있다. 설명된 경로와 음향처리는 음악 스타일과 녹음 상태, 믹싱 방향에 따라 달라질 수 있으므로 음향처리하는 과정에서 각각의 상황에 맞게 적용할 것을 권한다.

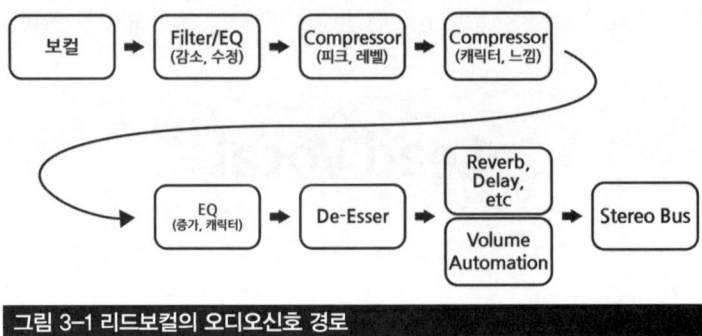

그림 3-1 리드보컬의 오디오신호 경로

각 단계에 플러그인을 추가하거나 그 순서를 바꿔 효과를 비교한다.

시그널 체인과 음향처리

다음은 필자가 믹싱한 스탠딩에그「스물아홉」의 오디오신호 경로로 리드보컬의 음향처리에 대해 구체적으로 살펴보고자 한다. 그림 3-1에서 언급한 일반적인 보컬 음향처리 경로에 이퀄라이저가 추가되었다.

그림 3-2 「스물아홉」의 오디오신호 경로

①필터 이후 ②/④ 2개의 컴프레서 사이에 ③이퀄라이저가 추가되었다. SSL4000E는 필터, 컴프레서, 이퀄라이저의 순서를 변경할 수 있고 독립적으로도 사용이 가능하다.

이 곡은 UAD SSL4000ChannelStrip의 필터와 컴프레서, 이퀄라이저를 거쳐 두 번째 컴프레서인 CLA-76과 Neve 1073 Preamp & EQ Collection 으로 음향처리한 뒤 최종적으로 Massey De:Esser로 치찰음을 제거하였다.

∞ 필터/이퀄라이저

가장 먼저 사용하는 필터/이퀄라이저는 불필요한 주파수대역을 제거하거나 음색을 올바르게 하려는 목적으로 사용한다. 우선 하이패스필터를 이용해 약 80~100Hz 미만의 불필요한 저주파대역을 없애거나 쉘빙필터로 부드럽게 줄인다. 낮은 주파수대역을 걷어내면 명료도가 상승하고 킥드럼이나 베이스처럼 저음역의 악기를 위해 공간을 비우게 됨으로써 서로 간의 간섭을 피할 수 있다. 필요에 따라 특정 주파수를 증폭시킬 수도 있겠지만 그 양이 많으면 다음에 연결할 컴프레서에 의해 다시 압축되므로 컴프레서 이후 연결하는 두 번째 이퀄라이저로 증폭시키는 것이 효과적이다.

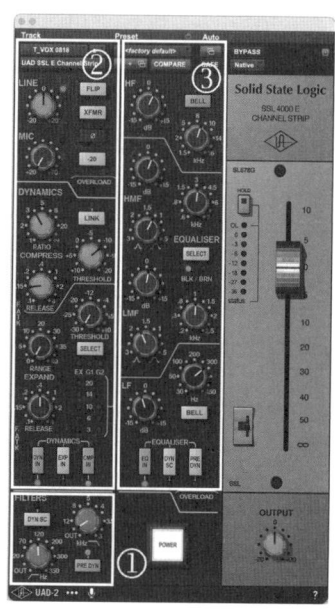

그림 3-3 필터/이퀄라이저

「스물아홉」은 SSL4000E의 ①필터, ②컴프레서, ③이퀄라이저 순서로 음향처리하였다.

∞ 컴프레서

첫 번째 컴프레서는 일관적인 레벨을 유지하거나 피크를 제어하려는 목적을 가지고 있다. 하나의 컴프레서로 안정된 레벨과 톤, 뉘앙스를 동시에 얻기에는 무리가 있어 이퀄라이저와 마찬가지로 2개로 나눠 각기 다른 목적으로 처리한다. 그림 3-4의 ②, ③과 같이 2개의 컴프레서를 사용하여 자연스럽게 압축된 파형을 볼 수 있다.

- Ratio. 부드러운 레벨 감소를 위해 3:1~4:1 정도가 알맞다.
- Attack time/Release time. 곡의 템포와 관련이 있다. 중간 빠르기인 약 20~50ms의 어택타임과 약 200ms의 릴리즈타임을 기준으로 시작한다. 릴리즈타임의 경우 곡의 템포가 빠르면 다소 빠르게, 느리면 중간 정도로 설정하고 눈에 띄는 레벨 변화보다는 전체적으로 매끄럽고 자연스러운 느낌을 목표로 한다. 보컬이 강조되려면 중간 정도의 어택타임과 빠른 릴리즈타임이 알맞다.
- Threshold. 'Gain Reduction'을 살펴보면서 위에서부터 아래로 천천히 내린다. 세게 부르는 부분을 기준으로 약 3~5dB 정도 감소되면 멈추고 이 레벨을 기준으로 곡 전체를 들어보면서 다시 한번 세밀하게 조절한다.
- 벌스섹션과 코러스섹션 또는 훅섹션 간에 다이내믹 차가 크면 압축량에 신경을 써야 한다. 가령, 비교적 조용한 벌스를 기준으로 압축하면 코러스가 과도하게 압축되고, 역으로 코러스를 기준으로 삼으면 벌스는 적게 압축되어 코러스와는 사뭇 다른 뉘앙스가 만들어지므로 양쪽의 균형을 맞추는 데 집중한다. 이후 세밀한 레벨조절은 볼륨 오토메이션으로 해결한다.

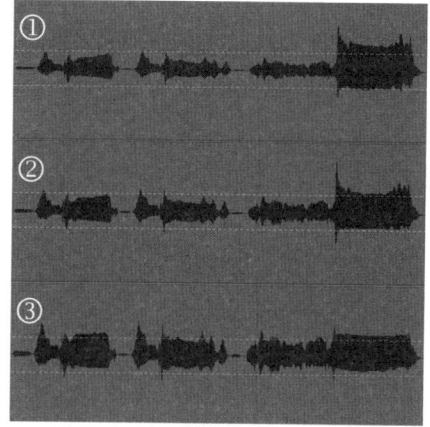

그림 3-4 컴프레서를 사용한 리드보컬의 레벨 변화

①압축하지 않은 보컬의 파형. ②SSL4000E 컴프레서를 거쳐 압축된 파형. 적당한 압축과 함께 SSL4000E의 특성인 오토메이크업auto-makeup이 적용되어 ①에 비해 앞쪽 레벨이 상승한 것을 볼 수 있다. SSL4000E 이후, ③두 번째 컴프레서인 CLA-76으로 압축하고 볼륨 오토메이션을 적용한 파형이다.

∞ 두 번째 컴프레서

일반적으로 첫 번째 컴프레서 이후 연속적으로 두 번째 컴프레서를 연결한다.

레벨을 일정하게 유지함과 동시에 의도했던 음악적인 뉘앙스-타격감이나 단단함, 혹은 부드러움-를 표현하기 위한 목적으로 사용한다. 필자처럼 연속된 두 컴프레서 사이에 이퀄라이저를 연결해 음색을 세밀하게 조절할 수도 있다.

리드보컬의 트랙 수가 많아 한 번에 처리해야 할 경우 서브그룹을 생성하여 리미터나 맥시마이저로 전체 보컬의 레벨과 뉘앙스를 동시에 조절한다.

리드보컬에 반응하는 사이드체인side chain을 연결해 다른 소스를 압축할 수도 있다. 가령, 보컬과 동시에 연주되는 솔로 악기에 컴프레서를 연결하고 'Key'입력을 리드보컬로 설정하면 리드보컬이 방해받지 않고 일관된 존재감을 유지할 수 있다.

그림 3-5 두 번째 컴프레서

곡의 스타일에 맞게 'All Button Mode'를 사용하여 리드보컬을 약간 거칠게 표현하였다.

8 두 번째 이퀄라이저

두 번째 이퀄라이저의 목적은 음색조정이나 캐릭터 표현으로 주로 주파수를 '증가'시키게 된다. 만약 두 번째 컴프레서 이전에 두 번째 이퀄라이저를 거치면 증가시킨 주파수가 다시 압축되므로 약간은 답답한 음색이 될 수 있어 컴프레서와 순서를 바꿔가며 확인한다.

약 1~2kHz. 소스가 많을 경우 보컬이 이 대역을 차지해야 곡의 중심이 될 수 있다. 과하면 '코맹맹이 소리'가 난다.

약 2~6kHz. 이 주파수대역을 증가시

그림 3-6 두 번째 이퀄라이저

3kHz를 미세하게 증가시켰고 100Hz 이하를 조금 줄였다.

키면 명료도나 존재감이 높아지는 대신 과할 경우에는 목소리가 거칠어진다.

약 3kHz. 사람의 청력감도가 가장 높은 주파수대역이므로 적은 레벨상승으로도 높은 청감상의 이득을 얻을 수 있다.

약 5~10kHz. 목소리의 밝기를 조절할 수 있다.

약 7kHz 이상은 소위 'Air' 대역으로 과하면 백그라운드보컬처럼 될 수 있으니 주의한다.

∞ 디에서

디에서는 마지막 단계에 사용하는 것이 일반적이지만 순서를 변경하여 효과가 좋은 곳에 연결할 수도 있다.

- 치찰음은 고주파대역에 분포하기 때문에 'Only HF(혹은 'Split')'을 선택해 치찰음이 발생하는 높은 주파수대역만 감소시키는 것이 유리하다.
- 디에서 외에 볼륨 오토메이션으로 치찰음이 심한 곳만 줄이는 방법도 있다. 자세한 내용은 '디에서와 볼륨 오토메이션을 이용한 치찰음 줄이기'를 참조한다.
- 과하게 사용하면 발음이 자연스럽지 못하고, 간혹 치찰음에서 느껴지는 긴장감이나 에너지를 빼앗는 경우가 있으니 주의한다.

디에서 이후, 최종적으로 SLATEDIGITAL Fresh Air 와 같이 캐릭터를 더하는 효과 플러그인을 사용해도 좋다.

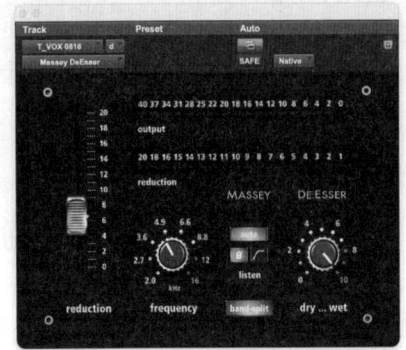 

그림 3-7 디에서와 캐릭터 플러그인

Massey De-esser(좌), SLATEDIGITAL FreshAir(우) 플러그인.

8 리버브 및 다양한 효과

흔히 멜로디를 들으면서 리버브를 인식하지 못할 때가 가장 이상적인 상태라고 얘기한다. 의도적인 표현이 아니라면 보컬이 가사를 읊을 때마다 리버브가 도드라지거나 반대로 너무 건조해서 다른 소스와 동떨어져 있는 느낌을 주지 않도록 한다.

공간계 효과는 보컬의 역할을 기준으로 선택한다. 리버브는 공간감을 형성하여 다른 소스와 잘 어울리도록 도와주는 반면, 보컬의 명료도가 낮아지고 뒤로 물러서게 하는 경향이 있다. 리드보컬처럼 존재감이 뚜렷해야 하는 경우에는 딜레이와 함께 사용하면 명료도를 해치지 않고 일관적인 정위감을 얻을 수 있다.

- 보컬의 명료도를 높이려면 딜레이나 리버브의 약 600Hz 이하나 약 7kHz 이상을 필터링 처리한다.
- 2개의 리버브를 섞어 사용하는 것도 좋은 방법이다. Ambiance, Hall, Plate 등 다른 스타일의 리버브를 short, medium, long과 같은 프로그

램을 달리하여 개성 있는 리버브를 만든다.
- 보컬에 디스토션이나 세츄레이션 효과를 약 10~20% 정도로 적당히 섞으면 힘 있고 단단하며 높은 에너지를 가진 음색이 된다.
- SPL TwinTube나 Soundtoys Radiator처럼 하모닉스나 진공관을 이용해 미세한 음색을 변화시키는 음향장치는 이퀄라이저로 만들기 힘든 존재감, 에어air, 따뜻함과 같은 뉘앙스를 조절할 수 있다.
- 곡의 스타일에 맞게 패러럴 컴프레싱으로 안정된 레벨과 함께 사운드의 덩치가 커지는 효과를 얻는다. 패러럴 컴프레싱에 관해서는 4장을 참조한다.
- 피치 코러스pitch chorus 효과를 약 5~10% 비율로 섞으면 보컬의 두께감, 존재감, 넓은 스테레오 이미지를 향상시킬 수 있다. 이때 6, 9, 10, 12cents 등 적당한 피치값을 정해서 한쪽에는 -cents, 다른 한쪽은 +cents를 입력한다.

보컬 밸런스

그림 3-8 리드보컬 밸런스
어반자카파 「Get (Feat. Beenzino)」 코러스섹션의 리드보컬 믹스 스템. 각 멤버의 보컬 모두 일정한 레벨을 유지하고 있다.

보컬은 곡의 시작부터 끝까지 일관성 있는 밸런스를 유지하는 것이 매우 중요하므로, 컴프레서와 같은 다이내믹 계열의 음향처리장치와 볼륨 오토메이션을 동시에 사용하여 조절한다. 곡의 시작부터 끝까지 반주와 비교하여 상대적으로 동일한 밸런스를 가지고 있어야 하는데, 이 과정은 입문자뿐만 아니라 경험이 많은 전문가에게도 상당히 어렵다. 2장 '섹션별 믹싱'에서도 언급하였지만 특정 섹션을 기준으로 삼아 밸런스를 맞추고 다른 섹션으로 확장하는 방식으로 진행한다. 그리고 수시로 섹션을 옮겨 들어보면서 밸런스를 맞춘다.

보컬 레벨에 관한 기준은 다분히 주관적이지만 팝음악에서 리드보컬의 적정한 밸런스는 스네어드럼보다 약간 크고 그 위에 얹는 느낌으로 맞추되 비트에 따라 보컬의 존재감이 들쑥날쑥하지 않도록 한다. 만약 드럼이 없을 경우에는 가장 중요한 역할을 하는 악기가 기준이 될 수 있다.

활용

믹스에서 리드보컬이 잘 들리지 않거나 명료하지 않은 경우를 가정하여 몇 가지 방법을 제시하고자 한다. 가정한 문제들의 해결방법은 밀접하게 관련이 있으므로 서로 연관지어 접근한다.

- 리드보컬과 악기간의 밸런스 문제라면,

레벨 조정 외에 사람의 청력감도가 높은 주파수대역인 약 2~3kHz 대역을 올림으로써 보컬의 명료도를 상승시켜 리드보컬을 강조한다.

- 보컬과 악기의 주파수 스펙트럼이 겹치거나 명암대비가 뚜렷하지 않을 때, 마스킹하는 소스의 약 1~3kHz 대역을 조금씩 감소시켜 보컬에게 자리를 양보한다.
- 보컬의 음색이 또렷하지 않다면,

약 80Hz 이하를 필터링하여 저음역 악기와의 명암대비를 뚜렷하게 한다.
- 리버브, 딜레이 등 지나친 공간계 효과로 보컬의 명료도가 낮아졌을 경우,

효과를 줄이는 것 외에도 리버브나 딜레이 전단계에서 하이패스필터를 이용하여 미리 보컬의 저주파대역을 제거한 이후 리버브나 딜레이로 보내면 더욱 선명한 공간 효과가 반응된 상태로 출력된다.
- 가수의 발음이 좋지 않을 경우 볼륨 오토메이션을 이용해 인위적으로 액센트를 주거나, SPL Transient Designer Plus와 같이 의도적으로 소스의 트랜지언트를 변화시키는 음향장치를 이용해 보컬의 뉘앙스를 조절한다.

디에서와 볼륨 오토메이션을 이용한 치찰음 줄이기

디에서를 이용하여 'ㅅ・ㅆ・ㅈ・ㅉ・ㅊ'과 같은 치찰음(齒擦音, sibilant)은 쉽게 줄일 수 있다. 디에서는 일종의 컴프레서로 고주파대역의 치찰음에 반응하여 작동하며 트레숄드로 줄이고자 하는 치찰음의 양을 조절할 수 있다. 작업시간이 절약되고 고르게 줄일 수 있는 장점이 있는 반면에, 특정 단어나 나라별 언어의 특성을 고려하기 힘들다는 단점도 있다.

볼륨 오토메이션을 이용해 치찰음이 발생하는 곳의 레벨을 직접 줄이는 방법도 있다. 치찰음을 일일이 조정하는 것이 번거롭고 시간이 걸리지만 대신

치찰음의 강약을 세밀하게 조절할 수 있는 장점이 있다.

   필자는 위에서 설명한 두 가지 방법을 동시에 사용하는데, 먼저 디에서로 곡 전체의 치찰음을 조금씩 줄이고 더 줄여야 할 필요가 있는 곳은 볼륨 오토메이션으로 처리한다.

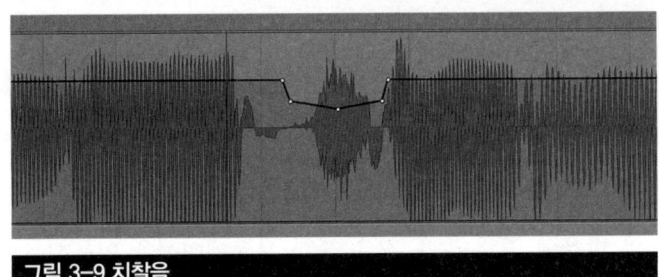

그림 3-9 치찰음
볼륨 오토메이션을 이용하여 치찰음을 줄인다.

필터를 이용한 파열음 제거

'ㅂ · ㅃ · ㅍ'과 같이 구강에서 발생하는 파열음은 팽창된 공기를 급격히 내보낼 때 나오고, 이때 공기의 압력이 마이크의 진동판에 영향을 주며 '퍽'하는 소리가 발생하는데 이를 '팝핑popping'이라 한다. 팝핑을 막기 위해 마이크에 '팝 필터pop filter'를 사용하지만, 그럼에도 파열음이 녹음되는 경우가 있다. 이때는 해당 구간의 오디오클립에 하이패스필터링을 하여 약 150~300Hz 이하를 제거한다.

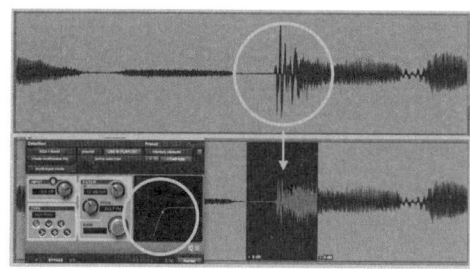

그림 3-10 파열음

하이패스필터를 이용하여 파열음을 줄인다. 필터 사용 전(위), 필터 사용 후(아래).

디스토션 효과를 이용한 보컬레이어

그림 3-11 보컬레이어

Avid SansAmp PSA-1(좌), Soundtoys Decapitator(우) 플러그인.

 강한 보컬의 음색이 필요한 K-Pop 스타일이나 록음악에는 디스토션이나 드라이브를 보컬에 섞어 쓰면 아주 효과적이다. 우선 보컬트랙을 복사하고 이 복사된 트랙에 디스토션이나 기타 앰프 에뮬레이터 플러그인을 연결해 소스를 충분히 왜곡시킨 후 리미터나 컴프레서로 과도한 압축을 한다. 그리고 보컬트랙을 기준으로 원하는 음색이 나올 때까지 디스토션 트랙을 서서히 올리면서 서로 간의 밸런스를 맞춘다. 이렇게 표현된 보컬의 음색은 거친 숨소리나 액센트도 동시에 표현되어 전체 보컬을 상당히 강하게 만들 수 있는 장점이 있다. 디스토션 효과를 얻기 쉬운 플러그인으로는 SansAmp,

Soundtoys Decapitator, Black Box HG-2 등이 있다.

오토튠 효과

1998년 CHER의 「Believe」가 발표된 이후, 많은 사람들이 Antares사의 'Auto-Tune' 플러그인으로 발생한 효과를 마치 이펙터처럼 사용하게 되었다. 현재는 이 효과를 얻기 위한 전문 프로그램도 출시되어 오토튠 효과를 비롯하여 다양한 보컬 이펙트를 제공한다.

'Auto-Tune' 플러그인의 'Auto' Mode 상태에서 'RETUNE SPEED' 파라미터를 이용하여 오토튠 효과를 만드는데, 원래 'RETUNE SPEED'는 입력신호에 얼마나 빠르게 피치 수정이 적용되는지를 제어하는 파라미터로 자연스러운 피치 수정은 10~50 정도이다. 하지만 설정값을 0으로 하여 가장 빠른 속도로 설정하면 원래 가지고 있던 비브라토나 피치 편차가 억제되면서 즉각적인 피치 수정이 이루어지고 이때 발생하는 부자연스러운 보컬의 '꺾임 효과'가 바로 '오토튠 효과'이다.

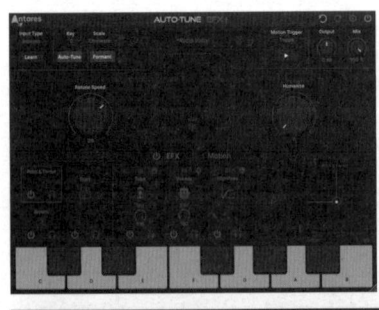 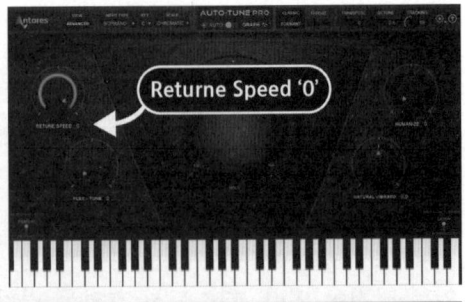

그림 3-12 오토튠 효과

Antares Auto-Tune EFX(좌)와 Auto-Tune Pro(우) 플러그인.

Background Vocal

    백그라운드보컬은 주로 리드보컬과 하모니를 이뤄 멜로디를 풍성하게 만들고 곡을 화려하게 꾸미는데, 곡에 따라 리드보컬과 대등한 위치에 놓이는 경우가 있어 곡마다 백그라운드보컬의 역할에 맞는 사운드를 고민하게 된다. 통상적인 팝에서의 백그라운드보컬은 리드보컬 뒤에 위치하여 하모니를 이루며 펼쳐진 형태의 넓은 스테레오 효과를 목표로 한다.

    대부분의 백그라운드보컬은 각 화음마다 더블링 형태로 녹음하므로 트랙 수가 많아 서브그룹을 만들어 신호 처리하는 것이 좋고, 무엇보다 리드보컬을 중심으로 하모니 밸런스를 맞추는 것이 중요하기 때문에 반드시 리드보컬과 함께 들어보면서 밸런스를 조절한다.

패닝

백그라운드보컬은 더블링 형태여서 스테레오 이미지를 조절할 수 있는 좋은 도구가 된다. 화성에 따라 부채꼴로 펼치거나 하드 패닝hard panning형태로 두는 경우가 많다. 부채꼴 형태는 낮은 음역대를 중앙에 가깝게 두고 중간 음역대는 이보다 조금 더 확장하고 높은 음역대는 최대한 넓힌다. 이 방법은 펼쳐진 형태의 자연스러운 스테레오 이미지가 만들어지는 대신 리드보컬 뒤에 깔리듯이 자리잡게 된다. 반면에 하드 패닝은 모든 백그라운드보컬을 좌우 양방향으로 두는 방법이다. 음장이 눈에 띄게 넓어지고 백그라운드보컬이 뚜렷하게 들리는 대신에 리드보컬과 백그라운드보컬 사이의 간격이 생기고 좌우 동일하게 위치한 악기와 서로 부닥칠 수 있다는 단점이 있다.

이외에도 백그라운드보컬을 각 화음마다 3채널을 녹음하고 패닝을 좌, 중앙, 우로 두는 경우도 있다.

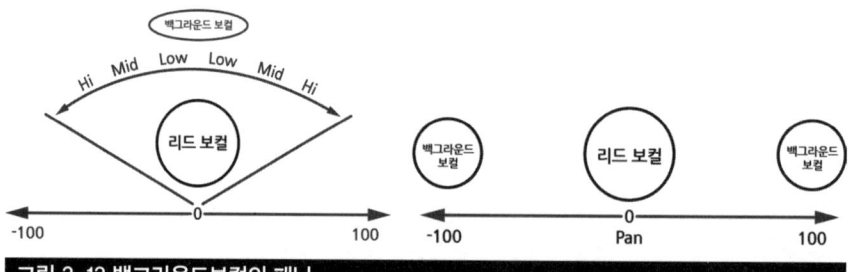

그림 3-13 백그라운드보컬의 패닝
화성에 따라 부채꼴 모양으로 펼쳐놓거나(좌) 좌우 끝으로 설정(하드 패닝)한다(우).

컴프레서

 백그라운드보컬의 트랙수가 많으면 트랙마다 각각 음향처리를 하는 대신에 서브그룹을 만들어 한번에 압축하는 것이 효율적이다. 어택과 릴리즈타임은 리드보컬과 비슷하게 설정한다. 압축비나 압축량은 리드보컬보다는 다소 높게 설정하여 백그라운드보컬이 리드보컬의 다이내믹을 넘지 않도록 하는데, 경우에 따라서는 리미터를 사용하는 것도 좋다.

이퀄라이저

 역시 서브그룹을 사용한다. 백그라운드보컬의 음색조정은 리드보컬과 겹치지 않도록 동일한 주파수대역의 증가는 피한다. 오히려 리드보컬에서 증가시킨 대역을 감소하거나 반대로 감소시킨 부분을 증가시켜 음색의 차이를 두도록 한다. 필터링도 좋은 방법으로, 특히 저주파대역을 필터링하면 가볍게 펼쳐진 백그라운드보컬 효과를 얻을 수 있다.

Drum

 곡을 재생했을 때 알맞게 튜닝된 드럼으로, 멋지게 연주하고 있는 드럼 소리를 듣고 있으면, 마음이 너무나 편안하고 마치 누군가가 믹싱의 절반을 끝내놓은 것 같은 안도감마저 느껴진다.

 일반적인 어쿠스틱 드럼 녹음 방법은 마이크를 각 드럼과 심벌에 설치하기 때문에 여러 트랙으로 나뉘지만 믹싱할 때는 마치 하나의 소스처럼 다루고 표현한다. 그러한 이유로 드럼 트랙들을 서브그룹으로 묶으면 사운드를 제어하기 수월하다.

 어쿠스틱 드럼의 경우 각 마이크에 다른 드럼 소리가 새어 들어가는 경우가 많은데 이것은 자연스러운 현상이므로 모든 드럼 트랙을 동시에 들어보면서 밸런스를 맞추도록 한다.

믹싱

(1) 먼저 킥드럼을 약 −15dBFS 정도에 맞추고 약간의 컴프레서와 이퀄라이저 조정으로 피크레벨과 음색 조정을 한다. 드럼 서브그룹에서도 다시 한번 다듬는 과정이 있으므로 처음에는 주로 피크제어를 목표로 한다.

(2) 스네어드럼도 킥드럼과 비슷한 정도의 레벨설정과 음향처리를 하면서 스네어 상단 트랙에 하단 트랙을 얹는 느낌으로 레벨을 맞춘다. 위상은 스네어 상단과 하단 트랙을 동일하게 맞추되 둘을 합쳤을 때 상대적으로 더 두꺼운 소리가 나도록 선택한다.

(3) 이어서 하이햇과 탐을 올리고 원하는 위치에 패닝을 한다. 패닝의 기준을 관객 시점이나 연주자 시점으로 정하고 오버헤드도 여기에 맞춘다.

(4) 근접마이킹을 하더라도 오버헤드나 스네어드럼 트랙에 하이햇 소리가 많이 들어가게 되므로 정작 하이햇 트랙은 일정 레벨 이상 올리지 못하는 경우가 있는데 이 역시도 드럼 전체를 동시에 들어보면서 조절한다. 오버헤드는 전체 드럼 사운드를 포함하고 있어 심벌 외에 다른 드럼과의 어울림을 고려해 밸런스와 음색을 조정한다.

(5) 마지막으로 룸 앰비언스 채널을 올린다. 룸 앰비언스는 드럼 사운드의 분위기를 위주로 잡고 드럼이 하나의 통일된 느낌을 갖도록 레벨을 조정한다.

(6) 드럼 믹싱을 킥드럼이 아닌 오버헤드부터 시작하는 것도 좋은 생각이다. 이때는 오버헤드 사운드가 중심이 되어 각 스팟 마이크로 모아진 소리가 각 드럼의 윤곽을 더한다고 생각하면서 밸런스를 맞춰간다.

패닝

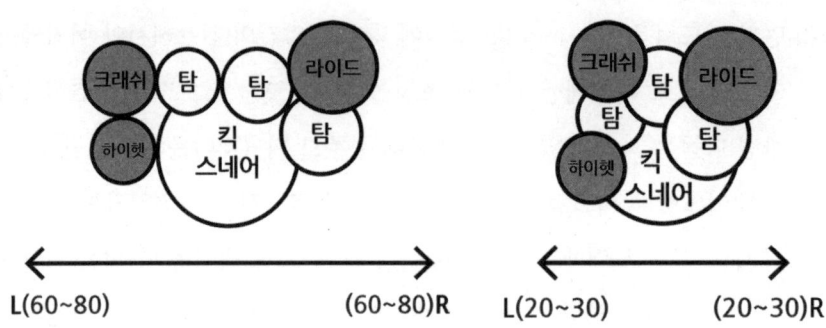

그림 3-14 드럼 패닝
각 드럼이 좌우로 확장되거나 중앙으로 모아진 형태로 패닝한다.

드럼 패닝은 관객 관점이나 연주자 관점 중에 하나를 선택하고 실제 어쿠스틱 드럼 세트를 고려하면서 각 드럼의 위치를 정한다. 어쿠스틱 드럼세트는 킥드럼을 중심으로 스네어가 하이햇 방향으로 약간 치우쳐 있으므로 오버헤드트랙 역시 한쪽으로 치우쳐 있는 것이 당연하다. 하지만 스테레오 밸런스면에서는 스네어드럼을 중심에 두는 것이 유리하므로, 오버헤드트랙의 오른쪽과 왼쪽의 레벨 차를 줄여 스네어드럼을 중심에 맞추도록 한다. 그리고 오버헤드의 패닝을 좌우 끝으로 벌리기보다는 9시나 3시 방향 정도가 적당하다.

작업자에 따라서는 관객이나 연주자 시점이 아닌 좌우 패닝 없이 모든 드럼을 중심에 두는 것을 선호하기도 한다. 이것은 실제 공연에서 관객이 드럼 세트를 바라볼 때 드럼 세트가 마치 하나의 악기로 여겨지는 것이 자연스럽다고 생각하는 것과 같다. 이때는 모든 드럼트랙의 팬을 중앙에 두기보다 탐과 오버헤드를 중심에 근접하게 두어 약간의 스테레오 효과를 남겨두는 것이 효과적이다.

위상

 어쿠스틱 드럼의 경우 각 마이크에 도달하는 드럼의 거리와 시간 차이에 의한 위상차가 생긴다. 이로 인해 특정 주파수에 대한 간섭이 생겨 콤필터링 효과가 일어나고 결과적으로 소리가 왜곡되거나 얇고 거친 소리가 된다. 따라서 파형을 최대로 넓혀 위상을 확인하거나 직접 들어보면서 더 나은 소리를 찾아 판단하고 수정한다. 일례로, 스네어드럼 연주 시 상단과 하단 마이크를 향한 소리의 방향이 달라 위상이 서로 반대가 되므로 녹음이나 믹싱과정에서 이 둘의 위상을 동일하게 맞춘다.

 필자의 경우에는 모니터링 시스템을 모노로 설정해 두고 귀로 들으면서 저주파대역이 더 잘 재생되는 쪽, 즉 두꺼운 소리가 나는 위상을 기준으로 한다. 위상은 2장의 '위상 확인'에서 상세히 언급하였다.

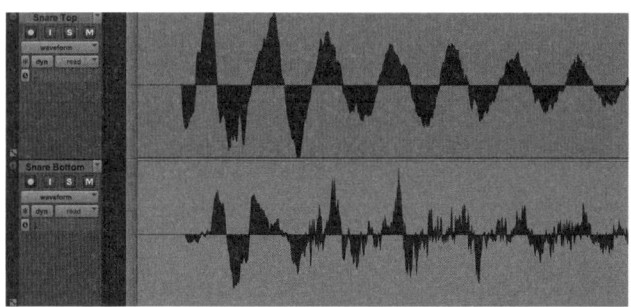

그림 3-15 스네어드럼 위상

상단(위)이나 하단(아래) 트랙의 위상을 반전하여 두 트랙의 위상을 동일하게 한다. 이때 다른 드럼트랙과 동시에 들었을 때 소리가 두꺼워지는 방향으로 위상을 일치시킨다.

리버브

드럼은 연주시 녹음한 룸 앰비언스 트랙을 이용하지만 스네어드럼에는 Plate, Gated reverb 등 다른 스타일의 리버브를 함께 섞는 경우가 많다. 킥드럼에 리버브가 필요한 경우는 드물고, 하이햇이나 심벌은 리버브가 짧은 Ambiance 리버브가 잘 어울린다. 탐은 스네어드럼과 비슷한 리버브를 넣거나 Ambiance 리버브로 통의 울림이 잘 들리도록 한다.

리버브는 모든 주파수를 재생하기보다 그림과 같이 약 600Hz 미만, 약 7kHz 이상을 필터링하면 사운드가 복잡해지지 않고 울림과 깊이를 강조한다.

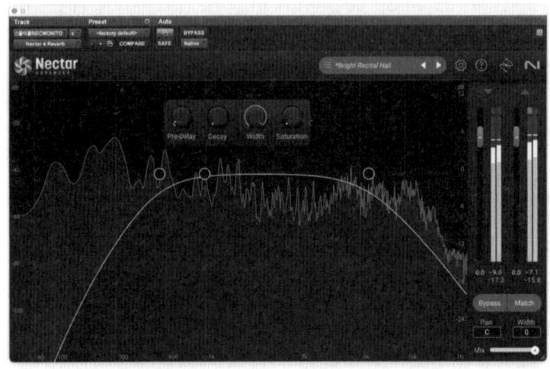

그림 3-16 리버브 필터링
재생되는 리버브에 필터링하여 사운드의 음색을 조절한다.

이퀄라이저

∞ 킥드럼

대부분의 사람들이 타격감 있고 덩치가 큰 킥드럼 사운드를 바라는 경향이 있다. 큰 덩치의 킥드럼은 무게감을 주는 낮은 주파수대역과 타격감을 갖는 중, 고주파대역으로 나눠 접근하는 것이 바람직하다. 베이스와의 관계는 킥드럼이 어택을 가지고 베이스가 무게감 있는 서스테인을 갖거나, 역으로 강한 어택의 베이스와 덩치 큰 킥드럼을 생각해 볼 수도 있다.

약 30Hz 이하. 어쿠스틱 킥드럼이라면 과감히 필터링해도 상관없다.
약 100~200Hz. 덩치, 몸통, 무게감.
약 300Hz. 불필요한 무게감을 줄일 수 있다.
약 1~4kHz. 타격감, 명료도.
약 6kHz 이상은 심벌과 같은 다른 악기를 위해 과감히 제거.

∞ 스네어드럼

어쿠스틱 스네어드럼은 타격하는 상단과 스네어 와이어의 하단 소리를 따로 녹음하고 서브 그룹을 이용해 적절한 밸런스로 묶어서 음향처리한다. 이 둘의 밸런스는 상단 소리를 기준으로 하단의 스네어 와이어 소리를 살짝 얹고 서브 그룹에서 이퀄라이저와 컴프레서로 처리한다.

스네어드럼의 음색은 리드보컬을 고려하여 서로 간의 무게감을 맞출 필요가 있고, 이 둘의 음색이 조화로우면 곡 전체가 안정적이고 매끄럽게 들린다.

약 100Hz 이하. 다른 드럼소리와 뭉치지 않게 과감히 제거해도 문제없다.
약 150~250Hz. 깊이, 무게감.
약 1~3kHz. 타격, 명료.
약 5kHz. 림샷, 와이어, 금속성 느낌.

∞ 탐

탐은 크기에 따라 각기 다른 피치와 음색이 있으므로 통의 울림을 자연스럽게 살리고, 불필요한 저주파대역을 줄여 선명도를 높인다. 노이즈 게이트와 익스팬더를 사용할 때는 탐의 서스테인을 충분히 살려 시원하고 기분 좋은 느낌을 만든다. 탐을 순서대로 연주할 때 지나치게 넓은 패닝은 오히려 산만하거나 어지러울 수 있으니 좌우 약 〈60, 60〉 안에서 패닝한다.

약 60Hz 미만은 과감히 필터링한다.
약 100~200Hz, 플로어탐은 약 80~100Hz에 부피, 중량, 풍만함.
약 3~5kHz. 탐의 크기마다 타격감을 주는 주파수대역이 약간씩 다르다.
약 8kHz 이상. 다른 악기 특히, 심벌을 위해 과감히 필터링해도 무방.

∞ 하이햇

하이햇은 스네어드럼과 가까워 간섭이 심하기 때문에 반드시 함께 들으면서 레벨을 조절한다.

약 300Hz 이하는 과감히 필터링한다.
약 8~12kHz. 반짝반짝 윤기 있는 소리.

∞ 심벌/오버헤드

오버헤드 마이크는 심벌 외에 다른 드럼 소리도 높은 레벨로 받아들여 드럼 전체 음색에 크게 영향을 미치므로 반드시 다른 드럼소리와 함께 들어보면서 밸런스와 음색을 조절한다. 오버헤드 마이크에 녹음된 저주파대역은 명확하지 않고 윤곽이 흐려서 킥드럼 트랙 소리를 방해하므로 과감하게 필터링하는 것이 유리하다.

약 150Hz 이하. 다른 드럼 소스를 위해 과감히 제거한다.
약 8~12kHz. 반짝반짝 윤기 있는 소리.

컴프레서

- Ratio. 3~4:1 정도.
- Attack time. 심벌을 제외한 각 드럼은 대체로 15ms 이하의 빠른 피크가 발생하지만 여기에 컴프레서의 어택타임을 맞출 필요는 없다. 오히려 피크를 잡으려다 자연스러운 트랜지언트를 압축하게 되어 사운드가 좁아지거나 왜소해질 수 있어 약 30~50ms 정도의 다소 느린 어택타임으로 최초 트랜지언트가 지난 후 압축이 작동하면 자연스럽게 타격감이 살아난다.
- Release time. 빠른 릴리즈로 다음 비트가 압축되지 않고 끊어지는 듯한 느낌을 주어 타격감을 극대화한다.
- Gain reduction. 전문 세션 드러머의 안정된 연주라면 피크제어는 약 2~3dB 정도의 압축만으로도 충분하고 드럼 서브그룹에서 다시 한번 압축하기 때문에 처음부터 무리할 필요는 없다. 프로그램된 드럼일 경우 이미 음향처리가 이루어진 샘플일 확률이 높으므로 살짝 터치하거나 뉘앙스를 바꾸는 정도면 알맞다.

활용

- 녹음된 룸 앰비언스를 이용하면 프로그램 리버브보다 훨씬 자연스러운 드럼 앰비언스가 만들어진다. 전체 드럼사운드 위에 얹는 느낌으로 밸런스를 맞추고 하이패스필터로 낮은 주파수대역을 필터링하면 고주파대역의 하모닉스가 잘 드러난다. 경우에 따라서는 과격한 패러럴 컴프레싱으로 독특한 캐릭터를 만들 수 있다. 이때 약 600Hz 이하는 필터링한다.

- 룸 앰비언스트랙은 넓은 스테레오 이미지를 얻는 데 큰 도움이 된다. 스테레오 마이킹으로 녹음된 앰비언스트랙은 공간의 정보가 충분히 들어있기 때문에 패닝이나 깊이 있는 스테레오 이미지를 만드는 데 유용하게 쓸 수 있다.

- 드럼이나 퍼커션의 경우 짧은 Ambiance, Room, Chamber, Plate 리버브가 잘 어울린다. 특히 Ambiance나 Room 리버브는 드럼만의 독립적인 공간을 연출하기 쉬워 다른 악기와 분리되고 동시에 명료도가 높아진다.

- 녹음된 어쿠스틱 드럼, 특히 킥드럼이나 스네어드럼소리가 마음에 들지 않아 드럼 샘플로 교체하거나 샘플과 섞어 쓸 때는 어쿠스틱 드럼의 피치, 트랜지언트transient, 비트를 고려해야 한다. 이 세 가지가 정확히 맞지 않을 경우 어색하게 들린다.

- 사이드체인은 킥드럼과 베이스처럼 주파수대역이나 다이내믹이 중첩될 때 한쪽 신호를 트리거trigger로 사용해 다른 쪽 신호를 압축하는 방법이다. 그림 3-17과 같이 베이스 트랙에 컴프레서를 연결하고 컴프레서의 'key' 메뉴에 킥드럼 신호를 입력하면 킥드럼의 비트마다 베이스가 압축된다. 결과적으로 킥드럼 소리가 더욱 선명해지는데, 솔로 상태로 듣는 것보다는 전체 사운드를 동시에 모니터하면서 압축량을 조절하는 것이 자연스러운 밸런스를 만드는 데 도움이 된다.

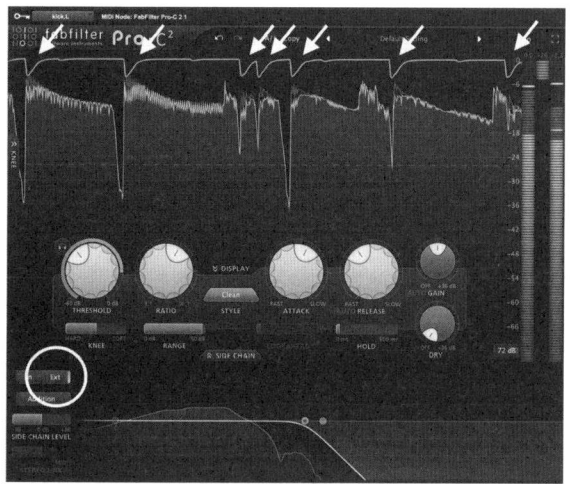

그림 3-17 사이드체인side chain

킥드럼을 특정 버스로 보내고, 베이스트랙에 연결한 컴프레서의 Key 입력을 동일한 버스로 지정하면 버스에서 나오는 킥드럼의 비트에 맞춰 컴프레서가 동작한다. 화살표로 표시된 부분은 킥드럼 비트에 맞춰 베이스가 압축되는 것을 나타내고 있다. 그림 안의 원은 Key 입력선택.

- 어쿠스틱 드럼은 각 스팟 마이크에 다른 드럼소리가 새어 들어가기 때문에 하나의 트랙을 음향처리하면 다른 트랙의 드럼소리에도 영향을 주게 된다. 그러므로 드럼 전체를 들어보면서 그 변화를 확인하는 것이 바람직하다.
- 탐은 다른 드럼에 비해 연주하는 부분이 한정적이다. 따라서 연주하지 않는 곳의 불필요한 소리를 없애기 위해 노이즈 게이트를 사용하여 줄이거나 DAW에서 편집하여 삭제한다. 편집 시에 탐의 서스테인을 충분히 살리고 완전히 제거할지, 레벨을 줄일지 전체 드럼 사운드를 듣고 판단한다.
- 샘플 드럼의 경우 편곡자가 고심 끝에 선택했고 이미 어느 정도 음향처리가 끝난 샘플일 확률이 높아 믹싱에서 추가적인 음향처리가 필요하지 않은 경우가 있다.

- 사운드소스의 타격감을 위해 SPL TransientDesign, Oeksound Spiff 등과 같이 트랜지언트를 변화시키는 음향장치를 이용해 펀치, 단단함, 부드러움 등 다이내믹에 관련된 뉘앙스를 조절한다.

 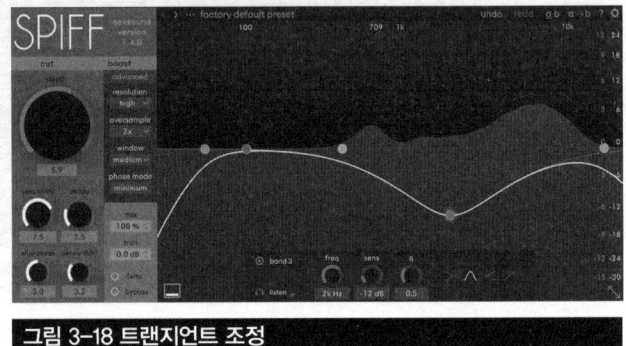

그림 3-18 트랜지언트 조정

SPL TransientDesign(좌)과 Oeksound Spiff(우) 플러그인.

Bass

베이스는 리듬과 화성으로 곡에 그루브를 만드는 중심역할을 하므로 적절한 다이내믹의 제어와 음의 명료도가 중요하다. 레벨은 약 -10dBFS 정도에서 시작하고 곡 전반에 걸쳐 일관성을 유지하되 곡 전체를 지배하지 않으면서도 견고하게 중심을 잡는다. 무엇보다 드럼과 잘 어울리도록 베이스의 느린 어택과 긴 서스테인, 타악기의 타격감을 조화롭게 섞으며 실제 들리는 것과 느껴지는 것을 구분해서 음색을 조절한다. 패닝은 중앙에 놓는 것이 일반적이다.

베이스기타의 경우, 한 채널은 DI를 통해 라인입력으로 녹음하고 다른 한 채널은 앰프에 연결해 캐비닛에서 재생한 소리를 마이크로 녹음한다. 라인입력은 서브베이스 대역과 명료도가 좋고 마이크입력은 단단한 미들 대역과 거친 느낌을 가지고 있어 믹싱에서는 두 소스를 적당한 비율로 섞어 원하는 음색을 만든다. 이때 두 신호 사이에 미세한 시간차가 생길 수 있으므로, 두 신호의 파형을 비교하면서 라인으로 녹음한 트랙을 기준 삼아 마이크로 녹음한 트랙을 맞춘다.

리버브는 윤곽이 흐려지거나 다른 악기와 뭉치지 않도록 필터링하는 것이 유리하고 코러스계열이나 공명resonance을 강조하는 이펙터를 사용하여 선명하고 윤기 있는 베이스 사운드를 만든다.

이퀄라이저

베이스의 라인과 무게감을 동시에 살리려면 청감상 잘 들리는 중주파대역과 저주파대역으로 구분해서 다뤄야 한다.

약 100Hz. 베이스기타의 로우엔드 대역이다. 이 대역 밑으로는 서브베이스나 킥드럼의 저주파대역이 위치한다.
약 150~250Hz. 무게감이나 존재감을 만들기에 적정한 대역.
약 800Hz~1kHz. 선명한 라인이나 타격감을 느낄 수 있다.
약 4kHz 이상. 다른 악기를 위해서 필터링한다.

컴프레서

악기의 특성상 다이내믹이 커 컴프레서 사용은 필수적이지만 마이크로 입력된 베이스는 앰프와 마이크에서 적당한 압축이 발생하므로, 프로그램된 베이스나 라인입력으로 녹음된 베이스 소스보다는 적게 압축한다.
  - Ratio는 약 3~4:1 정도가 적당하고 게인은 약 3~5dB 정도 감소되도록

한다.
- Attack time과 Release time. 베이스 기타는 어택이 뒤에 붙는 경우가 많아 중간정도(약 20~60ms)의 어택타임에서 시작하고, 베이스의 서스테인으로 인해 다소 느린 릴리즈타임으로 정한다. 의도적으로 빠른 어택을 설정해 피크 소리나 클릭 소리를 만들어 느낌을 강조하기도 한다.
- 압축되는 주파수의 대부분이 낮은 주파수대역이므로 감소하는 이퀄라이저나 필터는 컴프레서 이전에 연결하여 불필요한 낮은 주파수를 줄인 후 압축하는 연결방식이 바람직하다.

활용

● 소비자용 디바이스를 통해 들어보면서 베이스 레벨을 확인한다. PC스피커나 스마트폰 등 일반 청취자용 디바이스는 낮은 주파수의 출력에 한계가 있지만 오히려 그러한 이유로 인해 베이스의 밸런스가 적정한지 가늠하기가 수월하다. 스튜디오의 모니터 스피커에서는 문제가 없었는데 청취자용 작은 스피커에서 베이스의 존재감이 사라졌다면 EQ지점이 다소 낮을 수도 있으니 약 100Hz이나 그 이상으로 올리면서 확인한다.

● 레이어를 만들어 서로 다른 효과를 얻는다. 베이스트랙을 복사하고 디스토션, 코러스, 컴프레서 등 다양한 이펙터를 이용한 과장된 소리를 만들어 베이스트랙에 얹으면 독특한 존재감을 만들 수 있다. 이외에도 피치시프터 pitch-shifter를 이용해 옥타브 위의 트랙을 만들어 섞으면 저주파대역이 엉겨 붙지 않고 확장된 사운드를 만들 수 있다.

- 저주파대역을 제어하려는 멀티밴드 컴프레서나 다이내믹 이퀄라이저는 단독으로 사용할 때보다 일반적인 컴프레서와 이퀄라이저를 함께 사용하면 더욱 자연스럽게 처리가 된다.
- Little Labs the Voice Of God과 같은 베이스 레조넌스**resonance** 이펙터는 사운드를 두텁고 크게 보이게 하는 효과가 있다. 'Amplitude'를 과하게 증폭시킨 후 'Frequency'를 돌리면 저음역의 공명이나 울림이 유독 커지는 대역을 발견할 수 있는데 그 주파수의 양을 알맞게 조정한다.

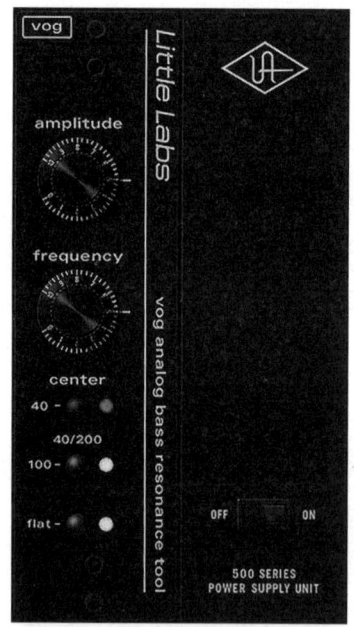

그림 3-19 베이스 레조넌스 이펙터

LittleLabs THE VOG 플러그인.

Electric Guitar

  기타는 리듬, 멜로디, 하모니를 모두 연주할 수 있고 주법도 다양해 여러 음색을 만들 수 있다. 뿐만 아니라 일렉트릭 기타에 연결하는 이펙터, 페달, 앰프와 캐비닛은 종류도 셀 수 없이 많아 사운드의 폭은 대단히 넓다.

  일반적으로 기타 이펙터를 통해 라인으로 바로 연결해서 녹음하거나 기타 앰프에서 출력된 소리를 마이크로 입력해서 녹음한다. 또한 DI를 통해서 어떠한 효과도 넣지 않은 클린톤도 추가적으로 녹음해 두는 경우가 있는데, 이 클린톤을 가지고 DAW에서 기타 앰프 에뮬레이터 플러그인을 이용한 리앰핑 **re-amping**으로 새로운 기타톤을 만들 수 있다. 기타 앰프와 캐비닛을 사용하면 이미 앰프와 마이크에서 압축되어 출력하므로 추가적으로 많은 양의 압축이 요구되지 않는다.

  필자의 경우 앰프 에뮬레이터 플러그인을 자주 사용하는데, 출시된 플러그인의 종류가 많아 선택의 폭이 넓고 믹싱 중에 즉시 사용할 수 있어 상당히 편리하다. 기타 톤에 확신이 서지 않고 시간적 여유가 없다면 톤 자체를 바꾸려고 애쓰기보다 다른 소스와의 조화에 초점을 맞추도록 한다.

  두 트랙으로 더빙이 되어있는 경우 좌우로 넓혀 패닝하면 가운데에 드럼, 베이스 등 나머지 악기를 배치하기가 쉽다. 기타의 역할에 따라서는 스테레오 밸런스에 개의치 말고 과감한 패닝으로 나타내고자 하는 사운드를 표현한다.

리버브는 Ambiance, Room 계열을 많이 사용하는데 기타 솔로의 경우에는 딜레이와 함께 Hall 리버브를 더하는 것도 자연스럽다.

이퀄라이저

악기 특성상 중심주파수가 중주파대역에 많이 모여있으므로 키보드나 다른 기타, 보컬 등과 겹치기 쉽다. 필요하다면 이퀄라이저와 필터를 과감하게 사용해서 밸런스를 맞춘다.

약 80Hz 이하는 과감히 필터링. 기타의 가장 낮은 음인 6번 개방현 E의 기본 주파수는 82.41Hz다.

약 200Hz 이하. 파워 코드를 연주하는 드라이브 기타에 무게감을 더할 수 있는 주파수대역이다.

약 1~5kHz. Presence. 중요한 대역으로 보컬과 겹치지 않도록 주의한다.

약 1~2kHz. 증가시키면 기타가 앞쪽으로 나오고 감소하면 둥글거나 매끈한 소리가 된다.

약 8kHz 이상은 다른 악기를 위해 과감히 필터링해도 좋다.

컴프레서

- Ratio. 약 3:1~5:1. 일렉기타는 어택이 강한 만큼 압축비를 높이면 초기 어택을 조절할 수 있다.
- Attack time/Release time. 약 10~30ms의 약간 빠른 어택타임은 강한 소리를 다소 부드럽게 만들 수 있다. 악기 특성상 서스테인이 길기 때문에 릴리즈타임도 500ms 이상으로 길어야 자연스럽다.

활용

● 백킹기타의 경우 더빙해서 패닝을 좌우로 두는데 이때 양쪽의 이퀄라이저 값을 조금씩 다르게 사용하면 스테레오 효과가 상승한다. 예를 들어, 그림과 같이 한쪽은 특정 주파수대역을 약간 올리고 다른 한쪽은 동일한 대역을 줄인다.

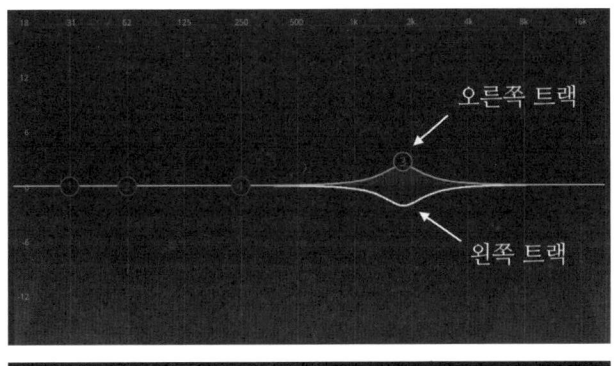

그림 3-20 스테레오효과 강조하기

두 일렉기타 트랙의 오른쪽(위)과 왼쪽(아래)의 이퀄라이저 값을 다르게 설정하였다.

- 한쪽에 약 30ms 이하의 짧은 딜레이를 사용하면 넓은 스테레오 효과를 얻을 수 있다. 가령, 한쪽에 기타를 두고 다른 한쪽에 약 30ms 이하로 짧은 딜레이(딜레이 100%)를 주면 넓은 스테레오 기타 효과가 생긴다. 최적의 효과를 얻기 위해 딜레이타임을 1ms부터 천천히 늘려가면서 스테레오 효과의 최대 지점을 찾도록 한다.

이것은 2개의 음원이 동시에 들릴 때 먼저 도착하는 방향에 음원이 위치한다고 지각하는 하스 이펙트hass effect, 즉 선행음 효과precedence effect를 기반으로 한다.

- 에뮬레이터 플러그인을 이용해 보자. 다양한 앰프와 캐비닛, 기타 이펙트, 마이크의 종류를 다양하게 바꿔보면 캐릭터 있는 기타 톤을 만들 수 있다. 실제 앰프나 캐비닛의 소리와는 차

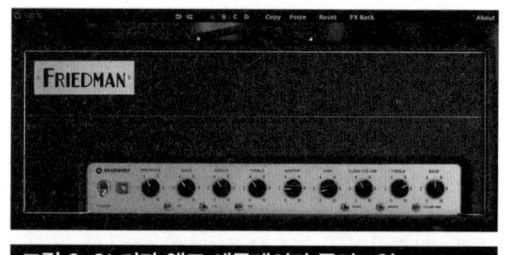

그림 3-21 기타 앰프 에뮬레이터 플러그인

Plugin Alliance, Friedman BE100 플러그인.

이가 있지만 시간과 노력에 비해 효과는 상당히 좋다. 게인효과를 얻으려면 SlateDigital Virtual Tube Collection처럼 진공관 효과를 가진 플러그인도 잘 어울린다.

- 딜레이나 리버브 리턴을 기타 소스와 대칭으로 패닝하면 넓은 스테레오 효과를 만들 수도 있다. 가령, 기타 소스는 왼쪽으로 10시 방향이면 딜레이나 리버브 효과는 2시 방향에 놓는다.

Acoustic Guitar

   어쿠스틱 기타는 실력 있는 연주자가 세심하게 관리된 기타를 가지고 정확한 튜닝으로 잘 연주하면 별다른 음향처리가 필요하지 않다. 단지 마이크 위치에 따라 발생하는 과도한 저음역의 울림에 주의하고, 보컬이나 피아노 등 다른 악기와 겹치는 부분만 주의 깊게 듣고 조절하면 된다.

   어쿠스틱 기타 독주곡은 녹음과정이 절대적이라고 해도 지나치지 않으며 이미 녹음과정에서 모든 사운드가 정해진다고 봐야 한다. 특히, 줄을 새로 교체한 기타소리는 믹싱에서 만들기 힘든 매력적인 사운드를 가지고 있어 반짝거리고 윤기 있는 소리를 얻으려면 기타 줄을 새것으로 바꾼 뒤 녹음한다.

   어쿠스틱 기타는 다이내믹이 커서 부드러운 압축이 필요하고 통의 울림 때문에 컴프레서 이전 단계에 필터를 사용하는 것이 효과적이다. 스트로크 기타의 리듬은 다른 사운드소스와 겹치지 않게 적당한 통의 울림과 스트링 소리를 부각시켜 음향처리한다.

   동시에 녹음된 앰비언스 트랙을 이용하면 인공적인 리버브보다 더 자연스럽기 때문에 적극적으로 활용하고, 근접 마이킹으로 녹음된 트랙만 있을 경우 Room이나 Ambiance 스타일의 짧은 리버브를 추가한다. 악기 구성이 간단하다면 긴 리버브도 잘 어울린다.

이퀄라이저

약 80Hz 밑은 과감히 제거. 참고로 기타에서 가장 낮은 음인 6번 개방현 E의 기본 주파수는 82.41Hz다.

약 100~300Hz. 도움이 되지 않는 저음역의 통 울림은 적당히 줄인다. 반대로 홀쭉한 느낌일 때는 오히려 이 대역을 추가한다.

약 700Hz~1kHz. 나무 통소리.

약 1~3kHz. 가장 명료도가 높은 대역. 보컬과 겹치지 않게 주의한다.

약 4~8kHz. 쇠줄 소리가 부각되는 대역.

약 10kHz. 반짝거리는 느낌.

컴프레서

- Raio. 2:1~3:1 정도가 적당. 자연스러운 압축을 하려면 살짝 터치하는 느낌 정도로 설정한다.
- Attack time. 빠른 템포의 스트로크 연주는 순간적인 트랜지언트를 제어하기 위해 약 10~30ms 정도로 다소 빠르게 정하고, 아르페지오 연주는 여유 있는 어택타임으로 갑작스러운 변화가 느껴지지 않도록 부드럽

게 제어한다.
- Release time. 어쿠스틱 기타는 트랜지언트가 빠르게 발생하는 것에 비해 서스테인은 길어 약 200~300ms 정도 느린 릴리즈타임이 좋지만 곡의 템포를 고려하여 조절한다.

활용

● 스트로크 리듬 기타의 경우 쉘빙이퀄라이저로 약 300Hz 이하를 부드럽게 줄여 통의 울림을 제어하고 스트링과 피크의 긁히는 소리를 위주로 리듬감을 얻는다. 만약 더빙되어 있으면 좌우로 하드패닝을 하여 넓은 스테레오 효과를 더한다.

● 코드를 바꾸면서 손이 줄에 닿아 발생하는 노이즈는 볼륨 오토메이션을 이용해 그 부분만 줄인다. 하지만 그 양이 많으면 시간이 오래 걸리고, 만약 소리가 울리는 가운데 노이즈가 섞여있을 경우에는 노이즈만 제거하기 어렵다. 다른 방법으로는 iZotope RX Guitar De-noise와 같은 노이즈 제거 전문 소프트웨어를 이용한다. 다만 노이즈 외에 기타 음색에도 영향이 있으므로 가급적 노이즈 부분의 오디오 클립만 음향처리한다. 전체 트랙에 적용할 경우 기타 음색의 왜곡 여부를 처리 전과 비교하여 확인한다.

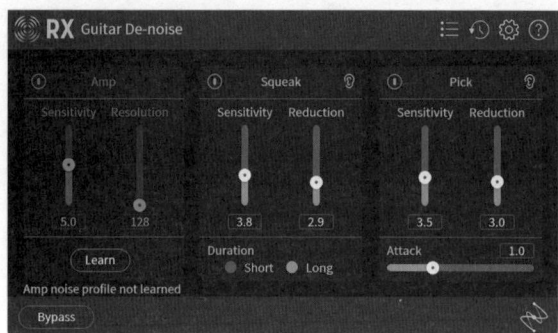

그림 3-22 기타 노이즈 제거

iZotope RX Guitar De-noise 플러그인.

 최근 발매된 스탠딩에그의 「Summer End」(2023) 앨범은 여러 대의 어쿠스틱기타로 연주하고 다양한 마이크와 테크닉으로 녹음하였으므로 어쿠스틱기타 사운드를 참고할 만한 앨범이다. 모든 수록곡을 기타리스트 고태영 씨가 편곡하고 연주하였다.
 첫 곡을 믹싱하는 과정에서 어쿠스틱기타의 음향처리에 관해 의견 조율이 필요했는데, 최대한 자연스러운 소리를 원하는 편곡자의 의견에 따라 가급적 인위적인 음향처리를 줄이고자 노력했다.

그림 3-23 기타 레코딩세션 1

타이틀곡 「Little Star」에 쓰인 Martin D-45와 Collings OM 기타, 그리고 SOUNDELUX 251E 마이크.

그림 3-24 기타 레코딩세션 2

좌측부터 Collins OM2H, Martin 000-18(1953년식), Martin D-45, Gibson SouthernJumbo(1970년식). 이외에도 두 대의 클래식기타도 함께 연주하였다.

Acoustic Piano

 그랜드 피아노의 기본 주파수 범위(27.50Hz/A0~ 4186Hz/C8)는 7옥타브 이상으로 아주 넓고, 최대 강도 역시 약 94dB [09](열린 공간의 3m 거리)로 상당히 크기 때문에 대부분의 악기와 중복된다.

 넓은 음역대로 인해 2개의 마이크로 고음역과 저음역을 근접해서 녹음하고 앰비언스는 주로 스테레오 마이킹으로 녹음하는데, 녹음 당시 의도한 각 마이크의 역할과 위치를 믹싱에서 정확히 표현하도록 한다.

 클래식이나 발라드 스타일의 장르에서는 넓은 주파수대역과 다이내믹을 살려 앰비언스와 함께 자연스러운 음색에 중점을 두고, 사운드소스가 많은 락이나 팝 스타일에서는 중음역을 중심으로 하고 나머지 주파수대역은 필터링하거나 압축해서 다이내믹을 제한한다. 이퀄라이저를 사용할 때는 Q를 넓게 사용해서 너무 과장되지 않도록 한다.

 팝에서는 피아노의 고음역과 저음역을 좌우로 뚜렷하게 나누는 경향이 있어 패닝을 가급적 좌우로 넓히는데, 이때 두 마이크 간의 위상차로 특정 주파수대역이 상쇄되어 음이 사라지거나 스테레오 이미지의 중심이 약해지는 경우가 발생한다. 이러한 이유로 무조건 좌우로 넓히기보다 적당한 넓이로(약 3

시, 9시 방향) 최적의 사운드를 찾도록 한다.

결국, 고음역과 저음역의 균형, 알맞은 좌우 밸런스, 선명도, 깊이 등이 좋은 피아노 소리와 그렇지 않은 소리를 구분하는 중요한 기준이 된다.

리버브는 피아노의 긴 서스테인으로 인해 Ambiance나 Chamber 스타일을 많이 사용한다. 발라드, 클래식, 피아노 솔로 연주는 약 2~3초 정도의 Large Hall 리버브도 잘 어울린다. 피아노의 모든 주파수대역에 걸쳐 반응시키기보다 약 400~500Hz 이하의 주파수와 약 8kHz 이상의 주파수를 필터링하는 것도 좋다. 리버브 플러그인 내부의 이퀄라이저를 이용하거나 필터 처리된 신호가 리버브에 입력되도록 한다. 물론 두 방식의 결과는 차이가 있으므로 충분히 확인해서 선택한다.

이퀄라이저

팝의 경우 중음역을 강조하고 약 80Hz 이하의 낮은 주파수나 약 15kHz 이상의 높은 주파수대역은 필터링하여 다른 악기를 위해 자리를 내어준다.

약 100~250Hz 저음역과 넓은 소리.

약 300~500Hz. 너무 무겁거나 크면 이곳을 줄인다.

약 2~5kHz. 명료도, 존재감presence을 만드는 주파수대역.

컴프레서

기본적으로 강한 압축보다는 부드럽고 자연스러운 압축을 목표로 한다. 이와 같은 이유로 다소 느리게 반응하는 Optical 방식이나 부드러운 진공관의 Vari-Mu 컴프레서가 잘 어울린다. 클래식 장르의 경우 자연스러운 다이내믹을 위해 거의 압축하지 않는다. 팝 장르에는 FET 방식의 컴프레서(예: UREI1176)를 자주 사용하고 적당한 압축을 통해 강한 느낌을 만들어 여러 소스 사이에서 앞으로 나오게 하는 경우가 많다.

- Ratio. 자연스러운 압축을 위해서 약 2~3:1 정도가 적당하다.
- Attack time. 부드러운 압축과 트랜지언트를 위해서는 템포에 맞추되 약 30~50ms 이상으로 다소 느리게 설정한다.
- Release time. 중간(약 250ms) 정도로 설정하되 록이나 비트가 빠른 곡에는 다소 빠른 릴리즈(약 170ms 이하)를 설정해야 다음 비트에 영향을 미치지 않게 된다.

Keyboard

　위에서 설명한 어쿠스틱 피아노 외에 일렉트릭 피아노, 오르간, 신디사이저와 같은 건반악기는 음색에 차이가 많아 곡의 스타일에 따라 그 역할이 달라지고 그에 따른 밸런스와 음향처리의 방법이 상이하다. 모두 샘플소스를 사용해 프로그래밍하거나 연주하기 때문에 대체적으로 다이내믹의 범위가 좁아 컴프레서의 사용은 다른 어쿠스틱 악기에 비해 적은 양으로도 충분하다.
　건반은 기타와 마찬가지로 리듬, 리드, 패드의 역할을 하고 심지어 음색도 유사한 경우가 많아 서로 겹치거나 부닥치지 않도록 주의한다.
　일렉트릭 피아노는 패드 역할을 하거나 다른 건반소스와 레이어할 경우 스테레오버스에서 약 −20dBFS 정도의 낮은 레벨로도 충분하고 약 100Hz 미만의 불필요한 저음역을 정리하면 별다른 음향처리가 필요하지 않다. 공간감은 긴 리버브보다 짧은 리버브와 딜레이가 효과적이다.
　패드 역할의 오르간은 적은 음향처리로도 충분하지만 리드나 솔로의 경우에는 약 1~5kHz를 증가시키고 불필요한 저음역을 필터링하여 존재감을 부각시킨다. 하몬드오르간의 Leslie speaker 효과를 얻으려면 Eventide Rotary Mod 플러그인이 유용하다.

신디사이저는 활용이나 음색이 너무도 다양해 모두 설명하는 것은 어렵지만, 다른 건반악기와 마찬가지로 패드 역할에는 낮은 주파수대역의 음향처리에 주의하고 리드일 경우 확실한 존재감을 주도록 한다. 이퀄라이저 외에 Waves Doubler 같은 코러스계열이나 딜레이 계열의 효과장치가 존재감 향상에 도움이 된다.

Waves의 Greg Wells PianoCentric은 팝음악 피아노에 아주 유용한 플러그인이다. Lo-Fi와 Hi-Fi를 쉽게 넘나들며 원하는 톤으로 빠르고 손쉽게 바꿀 수 있어, 남용하지 않으면 다른 악기와 잘 어울려 자주 사용하는 플러그인이다.

그림 3-25 피아노 이펙터

Waves Greg Wells PianoCentric 플러그인.

Mix #3

어반자카파, 「Get(Feat. Beenzino)」

　「Get(Feat. Beenzino)」은 언제 들어도 신나는 곡이다. 어반자카파의 멤버인 조현아 씨가 직접 작곡, 작사, 편곡을 했고 리듬과 멜로디가 반복되는 루프형식으로 쉽게 익숙해지는 반면, 자칫하면 지루해질 수 있어 보컬과 랩의 구성에 신경을 많이 쓴 곡이다. 멤버 세 명과 빈지노의 랩이 다양하게 등장해 메인 멜로디와 랩이 번갈아 가며 곡을 이끌고, 리듬과 솔로를 연주하는 기타가 속도감과 재미를 더하고 있다. 멜로디와 랩 그리고 애드립을 서로 주고받으므로 이들의 밸런스가 더욱 중요했다.

　일반적으로 컴프레서를 이용해 적정 레벨을 만들고 그 뒤에 오토메이션으로 마무리를 하지만, 「Get(Feat. Beenzino)」은 컴프레서의 사용을 줄이고 많은 볼륨 오토메이션을 통해 밸런스를 맞췄다. 빠른 속도감이 느껴지도록 과도한 압축보다는 오토메이션을 많이 했고 여기에는 오랜 시간과 반복적인 모니터링이 필요했다. 주의 깊게 들어보면 여기저기 툭툭 튀어나오는 보컬과 기타의 다이내믹한 움직임을 확인할 수가 있다.

3'06" 초에는 의도적으로 악기를 음소거시켜 짧은 브레이크 후 액센트를 주고 다시 시작하는 느낌을 만들었는데 이런 요소들이 곡의 재미를 더한다.

이 곡은 아직도 필자의 플레이리스트에 저장되어 있어 운전하면서 자주 듣곤 하는데 금세 지나가 버린다.

Mixing Music
The Balance of Art and Technology

4장 오디오 시그널 프로세서와 이펙트

오디오 시그널 프로세서audio signal processor는 오디오신호의 음색이나 다이내믹을 변화시키고 효과를 입히는 등 다양한 사운드를 만들 수 있는 '음향처리장치'를 말한다. 믹싱은 특정 사운드소스를 이상적인 소리로 만들기보다 곡에 잘 어울리는 소리로 만드는 것이 목적이기 때문에, 각 상황에 맞는 음향처리에 관해 폭넓게 이해하고 다양한 상황에 대처할 수 있도록 사용방법을 익혀야 한다.

대부분의 사람들이 음악 믹싱을 하려면 많은 종류의 음향처리장치가 필요하다고 생각하는데 반드시 그렇지는 않다. 오히려 자신에게 익숙하며 잘 맞는 몇몇의 장치만 가지고도 좋은 사운드를 만들 수 있다. 사용법이 익숙하지 않은 플러그인을 다루는 데 시간과 에너지를 낭비하거나 넘치는 호기심으로 새로운 플러그인을 살펴보느라 산만해지는 대신 각자에게 익숙한 플러그인을 잘 조합해서 사용하는 것이 훨씬 효율적이다. 실제 현장에서도 많은 전문 엔지니어는 각자 선호하는 장치만 이용해 효과적으로 믹싱을 한다.

이 장에서는 믹싱에 필요한 다양한 음향처리장치와 그 사용법을 자세히 알아보자.

프로세서의 종류

음향처리장치는 크게 다이내믹, 주파수, 시공간계를 기준으로 나눌 수 있다.

오디오신호의 다이내믹을 변화시키는 음향처리장치는 컴프레서, 리미터, 익스팬더, 노이즈 게이트 등이 있고, 주파수를 증감하여 음색을 변화시키는 이퀄라이저와 필터, 그리고 시간과 공간을 이용하는 리버브, 딜레이 등이 있다.

근래에는 위에서 열거한 음향처리장치를 새롭게 조합하고 확장한 플러그인들을 선보이고 있는데, 일례로 Waves 'L2 UltraMaximizer'는 리미터와 메이크업 게인을 유기적으로 결합하여 리미팅과 믹스레벨을 극대화한다.

이 외에도 피치를 수정하는 Auto-tune, 어쿠스틱 기타의 줄 닿는 소리만을 줄이기 위한 iZotope 'De-noise' 등과 같이 특정한 목적과 상황에 맞춘 플러그인들이 속속 출시되고 있다.

음향처리장치의 형태에 따라서는 하드웨어와 소프트웨어로 나눌 수 있다.

하드웨어는 물리적으로 독립된 형태를 가지고 있으며 입력과 출력 수가 한정적이고 진공관, 트랜지스터처럼 사용하는 부품의 특성에 따라 소리의 개성이 뚜렷하다. 반면에 가격이 높고 유지 관리가 필요하며 문제가 발생했을 경우 수리비용이 많이 든다.

소프트웨어는 DAW의 기능확장을 위한 보조 프로그램인 플러그인이나 독립적인 소프트웨어stand alone 형태이다. 시스템 성능이 지원가능한 수만큼 사용할 수 있고 저장, 관리가 편리하며 대량 복제가 가능하므로 가격이 상대적으로 저렴하다.

근래에는 하드웨어 프로세서의 외형과 성능을 모방하는 에뮬레이터 플러그인이 대량으로 출시되고 있다. 그림처럼 하드웨어 프로세서, 특히 아날로그 하드웨어 프로세서가 가지고 있는 독특한 음향적 특징을 모방하여 소프트웨어 형태로 출시함으로써 사용상 편의성, 기능성, 확장성을 동시에 제공하게 되었다.

그림 4-1 하드웨어와 소프트웨어 음향장치

하드웨어(위)와 동일한 모델의 플러그인(아래). Mäag Audio MAGNUM-K™.

컴프레서

컴프레서란, 오디오신호의 다이내믹 레인지dynamic range를 압축하는 음향처리장치이다. 압축할 때의 미세한 변화를 인지하고 그 변화가 전체 사운드에 미치는 영향을 이해하는 것이 중요하다.

컴프레서를 효율적으로 사용하려면 사용 목적, 적절한 사용법과 압축량, 압축했을 때 다른 소스와 상관관계 등을 폭넓은 시각으로 바라볼 필요가 있다. 그리고 미세한 변화를 알아차릴 정도의 '비평적 청취'(6장 참조)가 요구된다. 컴프레서 사용에 익숙해지려면 다른 음향처리장치보다 더 많은 시간과 경험이 필요하겠지만, 일단 적응되면 자신이 원하는 사운드를 만들기가 훨씬 수월해진다.

사용목적

컴프레서를 사용해 오디오신호를 압축하는 목적은 다음과 같다.

(1) 소스의 밸런스를 맞춘다. 소스의 다이내믹을 안정화(압축)시켜 일정한 레벨과 밸런스를 유지한다. 즉, 균형 잡힌 레벨을 위해 작은 소리를 키우는 것이 아니라 큰 소리를 압축시켜 소스 전체가 고른 레벨을 갖도록 한다. 복잡한 편곡의 경우 소스의 레벨을 일일이 조절하기 어려우므로 컴프레서를 사용해 일률적으로 압축함으로써 손쉽게 균일한 레벨을 유지한다.
(2) 오디오신호를 압축하여 추가적인 다이내믹 레인지를 얻는다. 이때 확보된 다이내믹 레인지를 다른 소스에게 내어주거나 전체 레벨을 더 끌어올릴 수 있다.
(3) 소스를 압축하는 가운데 발생하는 음악적인 뉘앙스를 만든다. 압축을 하면 단순히 레벨이 줄어드는 것뿐만 아니라 소스의 뉘앙스에 미묘한 변화가 생기기 시작한다. 예를 들면 적당한 압축은 마치 날아다니는 소리를 내려 앉히는 듯한 느낌으로, 극단적인 압축은 사운드에 에너지를 불어넣거나 나아가 공격적인 소리로 발전시킬 수 있다.

근래에는 여러 단계에 걸쳐 과하게 압축된 음악이 유행하면서 이때 생긴 독특한 뉘앙스가 대중들에게 익숙해지고 다시 엔지니어나 창작자들은 이러한 스타일의 사운드를 쫓아가는 경향이 있다.

이 외에 창의적인 목적으로 각 파라미터의 통상적인 사용법과 다르더라도 독창적인 소리를 위해 변칙적인 조작도 가능하다.

종류

하드웨어 컴프레서는 구동 방식에 따라 Vari-Mu, FET, Opto, VCA 타입으로 나뉜다.

∞ Vari-Mu

Vari-Mu는 'Variable-Gain'이라는 의미로 오디오 압축에 진공관을 사용하는 컴프레서다. 진공관 고유의 특성을 가지고 있어 따뜻하고 부드러우며 두께감이 느껴져 리드 보컬, 베이스, 킥드럼 등에 쓰인다. 가격이 높고 제품의 부피가 크며 열이 많이 발생하는 단점이 있다. 대표적인 제품으로는 Fairchild 660/670, Manley Vari-Mu, Chandler Limited RS124 등이 있다.

그림 4-2 Vari-Mu 컴프레서

Manley Stereo Vari-Mu Limiter Compressor. https://www.manley.com(위), Chandler Limited RS124 Compressor. https://chandlerlimited.com(아래).

∞ **FET**(Field Effect Transistor)

Vari-Mu 컴프레서 대안으로 고안된 트랜지스터형 컴프레서로, 빠른 반응 속도와 왜곡되지 않은 투명한 음색을 가지고 있어 보컬, 베이스, 스네어드럼 등에 잘 어울린다. 대표적인 모델로는 UREI 1176이 있다. 특히, UREI 1176은 'All Button Mode' 사용방식으로 유명한데, Ratio 버튼 4개를 모두 누른 상태에서 'Attack'과 'Release'를 최대한 빠르게 설정하면 과도한 압축으로 인한 펌핑효과pumping effect가 생겨 마치 소스가 얼굴 앞에 와있는 듯한 거친 뉘앙스가 만들어진다.

그림 4-3 FET 컴프레서

Universal Audio 1176LN. https://www.uaudio.com.

∞ **Opto**(Optical)

빛의 밝기를 이용하는 압축 방식으로 사운드가 매우 부드럽고 자연스러운 것이 장점이다. 상대적으로 느린 어택과 릴리즈타임을 가지고 있어 보컬이나 베이스 등에 잘 어울린다. 진공관을 탑재한 Teletronix LA-2A Levelling Amplifier가 대표적 컴프레서이다.

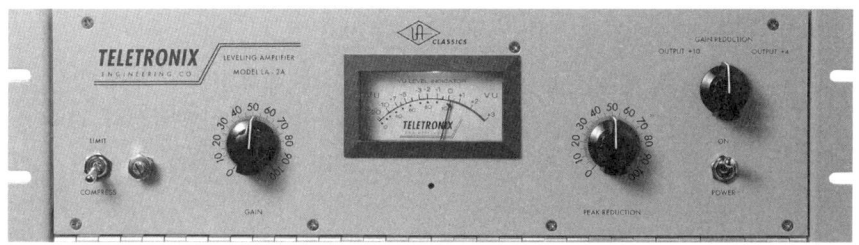

그림 4-4 Opto 컴프레서

Universal Audio Teletronix LA-2A Levelling Amplifier. https://www.uaudio.com.

8 VCA(Voltage Controlled Amplifier)

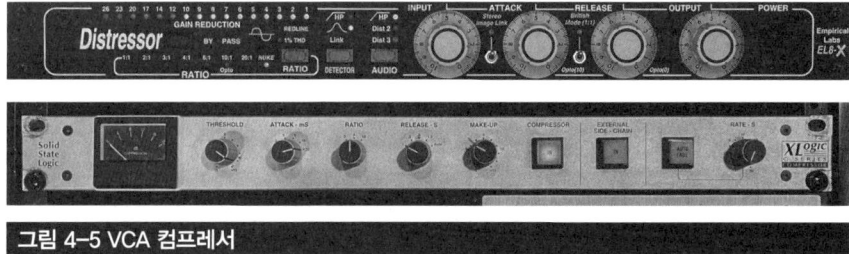

그림 4-5 VCA 컴프레서

Empirical Labs Distressor EL8-X. https://www.empiricallabs.com(위), SSL G-Series Stereo Bus Compressor(아래).

VCA는 가장 나중에 만들어진 컴프레서 작동방식으로 IC(integrated circuit)를 사용하면서 소형화가 가능하여 믹서의 채널에 장착하는 경우가 많다. 반응속도가 빠르고 넓은 다이내믹 레인지를 가지고 있다.

대표적인 모델은 Empirical Labs Distressor로 따뜻함과 디스토션, 빈티지 사운드를 동시에 표현할 수 있다. VCA 방식임에도 FET, Opto 방식을 재현할 수 있어 필자도 리드보컬에 자주 사용했었고 현재는 동일한 모델의 에뮬레이터 플러그인으로 대체하였다.

이 외에도 G-Series Stereo Bus Compressor 역시 뛰어난 성능을 가지고 있는 VCA 방식의 버스 컴프레서이다. 필자도 스테레오버스 단계에 항상 사용하는 제품으로 단단하면서 착색되지 않은 소리가 장점이다.

8 멀티밴드 컴프레서

지금까지 설명한 컴프레서와 달리 멀티밴드 컴프레서 multi-band compressor는 입력된 오디오신호를 주파수대역별로 나눠 압축 가능하다. 가령 베이스와 같이 저주파대역에 다이내믹이 몰려있는 경우 저주파대역만 별도의 압축이 가능하고 다른 주파수대역에 비해 상대적으로 조금 더 누른다는 느낌으로 조절한다.

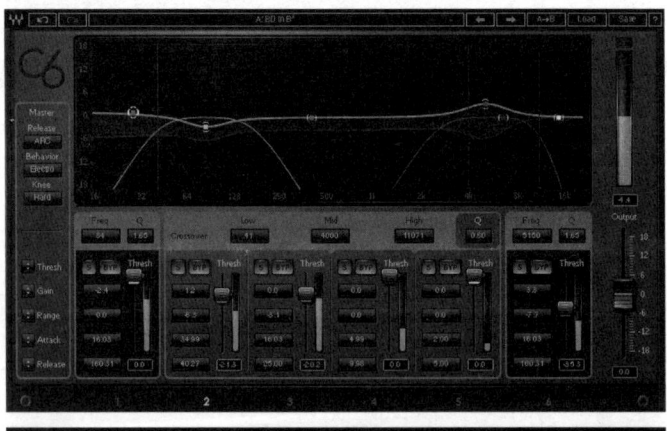

그림 4-6. 멀티밴드 컴프레서

Waves C6 Multiband Compressor 플러그인.

컴프레서 작동

3 작동방법

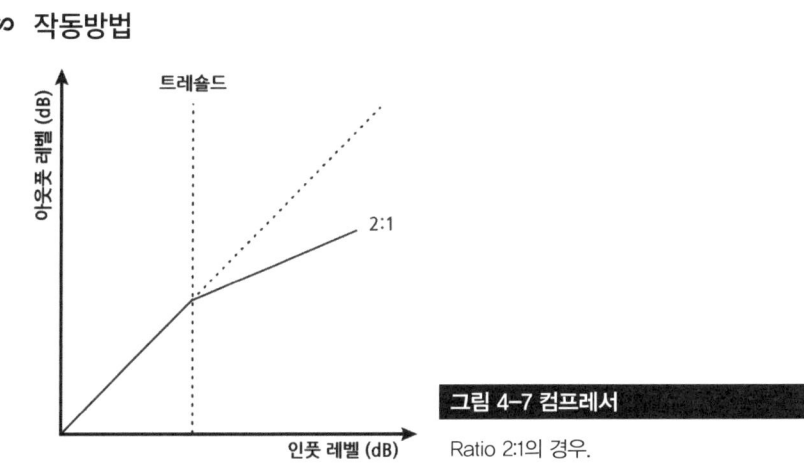

그림 4-7 컴프레서
Ratio 2:1의 경우.

컴프레서는 입력신호가 설정된 트레숄드 레벨을 초과하면 정해진 비율로 압축하기 시작한다. 압축을 시작하고 멈추는 반응속도를 어택타임과 릴리즈타임으로 조정하는데, 각 파라미터와 관계하는 다이내믹의 변화가 상당히 미묘해서 아날로그 컴프레서의 경우 어택타임과 릴리즈타임이 정확한 수치로 표기되지 않고 단지 fast/slow로 나타내는 경우도 많다. 정확한 시간이나 값을 표기하더라도 실제 조작할 때에 그리 도움이 되지 않아 눈으로 보는 수치보다 귀로 듣는 변화를 중심으로 각 파라미터값을 설정하는 것이 실용적이다. 파라미터의 기능과 사용방법은 다음과 같다.

∞ 파라미터

1) Threshold

트레숄드는 컴프레서의 동작레벨을 결정한다. 트레숄드를 내리면 낮은 입력레벨에도 압축 동작을 시작하고, 트레숄드를 올리면 입력레벨이 트레숄드 레벨에 도달하기 전까지 압축 동작을 하지 않는다. 음악은 다이내믹이 수시로 변하므로, 다이내믹이 큰 섹션을 기준으로 트레숄드를 맞추도록 한다. 간혹 UREI 1176처럼 트레숄드 파라미터가 없는 모델도 있으며 입력레벨로 고정된 트레숄드 레벨 이상, 혹은 이하로 조절하여 압축량을 정한다.

2) Ratio

압축비는 입력신호가 압축되는 비율이다. 가령 압축비를 2:1로 정하면 입력레벨이 10dB일 때 5dB로 출력된다. 낮은 압축비를 사용하면 다이내믹이 부드럽고 자연스럽게 압축되는 대신 피크신호를 제어하기 어렵고, 높은 압축비를 사용하면 피크신호를 통제하기에 유리하지만 한 번에 많은 레벨을 압축하다 보니 압축효과가 쉽게 눈에 띄고 매끄럽지 못하다. 압축비는 일반적으로 3:1~5:1 사이가 적당하다.

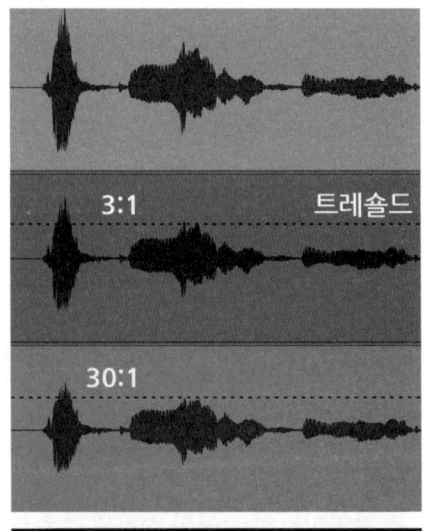

그림 4-8 압축비

압축비에 따른 입력신호의 감소.

3) Attack time/Release time

어택타임은 오디오신호의 레벨이 트레숄드 레벨 이상으로 입력되었을 때 정해진 비율로 감소되기까지 얼마만큼 빠르게 혹은 느리게 반응하는지를 조절한다.

반면에 릴리즈타임은 압축 중인 입력레벨이 트레숄드 레벨 이하로 내려갔을 때 원래의 레벨로 돌아가기까지 얼마만큼 빠르게 혹은 느리게 반응하는지를 조절한다.

어택타임과 릴리즈타임은 제조사와 모델마다 다르게 제공되는데 많은 스튜디오에서 보유 중인 TUBE-TECH CL1B의 경우 어택타임은 0.5ms~300ms, 릴리즈타임은 0.05s~10s(manual mode) 범위에서 설정할 수 있다.

컴프레서 사용 방법과 활용

∞ 순서

먼저 입력신호가 압축되지 않도록 트레숄드 레벨과 압축비를 최대한 높이고, 어택타임과 릴리즈타임은 가장 빠르게 설정해 둔다. 이제부터는 컴프레서의 미터를 통해 압축되는 양**gain reduction**을 미터로 확인하면서 트레숄드 레벨을 천천히 내려 조금씩 신호를 압축하기 시작한다. 지나치게 압축되고 있다고 생각될 때 멈추고, 압축비를 조금씩 내려 약 3~4:1 정도에 맞춘다. 그리고 어택타임을 적당히 늘림과 동시에 릴리즈타임을 중간 또는 짧게 맞추면서 자연스러운 압축이 되도록 세밀하게 조정한다.

∞ Attack time/Release time

어택타임과 릴리즈타임은 소스의 종류, 곡의 템포와 스타일에 따라 변화된다. 트랜지언트transient가 짧은 드럼의 경우, 약 15ms 이하의 짧은 어택타임은 트랜지언트에 빠르게 반응하면서 무게감이나 타격감이 사라지고 탁탁 튀는 소리만 남게 된다. 이것은 소스의 무게감을 만드는 데 중요한 저주파대역과 중주파대역에 에너지가 집중되어 있어 압축량이 많은 것에 비해 고주파대역은 상대적으로 쉽게 통과하기 때문이다. 그러므로 어택타임을 약 30~50ms 정도로 다소 길게 설정하면 원하는 타격감을 찾을 수 있다. 반면에 지나치게 느린 어택타임은 트랜지언트가 사라진 이후에 압축이 시작되므로 본래의 압축 기능이 제대로 작동되지 않는다.

릴리즈타임을 길게 하면 소스의 레벨이 트레숄드 이하로 내려간 후에도 계속 압축되어 다음에 오는 트랜지언트 혹은 비트까지 압축해 버리는 상황이 되고 만다. 반면에 빠른 릴리즈타임은 '울컥'하는 부자연스러운 느낌이 발생하고, 특히 낮은 주파수대역에서 매끄럽지 못하거나 찌그러지는 듯한 소리가 된다.

결과적으로, 어택타임과 릴리즈타임은 곡의 템포에 맞춘다고 생각하면 된다. 하지만 컴프레서는 소스의 다이내믹, 즉 레벨에 따라 움직이므로 BPM처럼 정확한 숫자로 정의할 수도 없는 노릇이다. 필자 역시 엔지니어를 시작할 무렵에는 관련 서적에 제시된 어택타임과 릴리즈타임을 외워 여러 악기에 적용해 봤지만, 실전에서 그리 큰 도움이 되지 않았고 오직 귀로 들으면서 그 감을 익히는 수밖에 없었다. 다이내믹을 이용해 음악의 뉘앙스를 조절한다고 생각하면서 각 파라미터를 변화시켜 자신이 원하는 느낌을 만들도록 한다.

∞ 프리셋 이용하기

많은 사람들이 악기마다 다르게 적용해야 하는 파라미터 설정에 어려움을 토로한다. 그때마다 제안하는 조언은 다름 아닌 각 제품의 '프리셋preset' 사용이다.

각 플러그인 제조사는 프리셋을 만들 때 보편적인 컴프레서 사용 방법을 고려하여 만들었고, 'lead vocal', 'back vocal', 'bass', 'guitar' 등 각 소스에 맞게 적절한 파라미터를 설정해 놓았다. 이렇게 친절하게 만들어 준 프리셋을 사용하지 않을 이유가 없지 않은가.

우선 프리셋을 불러온 뒤에 소스의 다이내믹에 맞게 트레숄드로 압축량을 조절한다. 원하는 뉘앙스가 아니라면 불러온 프리셋 상태에서 파라미터를 조금씩 변화시켜 사용한다.

압축량을 귀로만 듣고 판단하려면 오랜 시간 숙련된 청각적 사고력이 필요하다. 하지만 아직 그런 능력을 갖고 있지 않다면 'Gain Reduction'이 나타내는 압축량의 시각적 도움을 받을 수 있다. 대부분의 컴프레서는 압축량을 'Gain Reduction' 혹은 'Reduction'으로 표시하고 있으므로 이 값을 주시하면서 귀로 확인한다. 특별한 효과를 노리는 것이 아니라면 대부분의 악기나 보컬에는 약 3dB~5dB 정도의 압축이 알맞다.

∞ 패러럴 컴프레싱

패러럴 컴프레싱parallel compressing은 널리 알려진 믹싱 테크닉의 하나로, 일반적인 컴프레서의 역할처럼 높은 레벨의 신호를 압축하는 대신에 낮은 레벨의 신호를 끌어올려 전체 레벨을 일정하게 만드는 원리이다.

패러럴 컴프레서를 만드는 방법은 다음과 같다.

우선 음향처리하려는 사운드소스 트랙을 복사하여 동일한 트랙을 만든다.

그리고 복사한 트랙을 압축하되 압축비는 10:1 이상, 어택타임과 릴리즈타임은 가장 빠르게 설정한 상태에서 과도하게 압축하여 '패러럴 컴프레션트랙'으로 만든다. 이때 소스트랙을 복사하는 대신 버스를 통해 새로 만든 보조트랙으로 보내고, 이 보조트랙을 위와 동일한 방법으로 과도하게 압축하여 패러럴 컴프레션트랙으로 이용할 수도 있다.

이후 소스트랙을 기준으로 패러럴 컴프레션트랙의 레벨을 서서히 올리면서 적당한 비율을 찾는다. 결과적으로 소스의 다이내믹이 살아있으면서 레벨이 일정하게 유지되며, 마치 사운드의 덩치가 커지는 듯한 효과를 가져온다. 다이내믹이 낮은 부분을 올리는 방법이므로 압축이 눈에 덜 띄어 보컬, 베이스, 킥드럼, 드럼 서브그룹 등에 많이 쓰인다.

주의할 점은 두 트랙은 반드시 동일한 상태이고 레이턴시가 없어야 하는데, 만약 다른 플러그인이나 레벨로 음색이나 소스의 조건이 다르면 두 트랙 사이에 미세한 위상차가 생겨 콤필터링이 발생한다.

패러럴 컴프레서와 동일한 효과를 얻을 수 있도록 컴프레서 적용 전과 후의 비율을 조절할 수 있는 'Mix/Dry' 파라미터가 있는 플러그인도 찾아볼 수 있다. 이때는 컴프레서를 과도하게 압축하여 패러럴 컴프레션트랙으로 만들고 'Mix/Dry' 파라미터를 조절하여 Dry(소스)과 Mix(패러럴 컴프레서)의 적당한 비율을 찾는다.

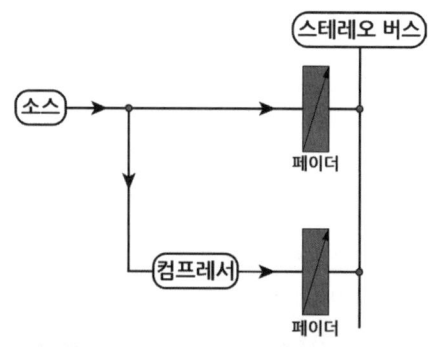

그림 4-9 패러럴 컴프레싱

압축하지 않은 소스와 압축한 소스의 상대적 레벨을 가지고 압축효과를 조절한다.

리미터

리미터limiter는 컴프레서와 마찬가지로 소스의 다이내믹을 조절하는 음향 처리장치이다. 파라메타는 컴프레서와 유사하지만 10:1~∞:1의 높은 압축비와 약 20µs의 매우 빠른 어택타임을 가지고 있어, 갑작스런 트랜지언트로부터 피크를 제어하여 출력신호가 왜곡되지 않도록 보호함과 동시에 설정된 최대 출력레벨ceiling level만큼 끌어올리는 것이 목적이다. 따라서 리미터 역시 변화된 뉘앙스와 함께 사운드의 왜곡 여부를 면밀히 살펴야 한다. 그 외에 PA시스템 보호를 위해 과도한 출력을 제한할 목적으로도 사용한다.

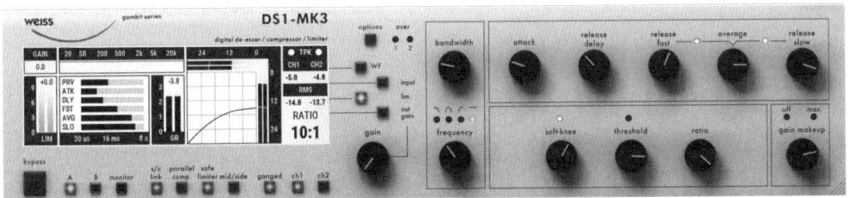

그림 4-10 리미터

마스터링용 리미터 WEISS DS1-MK3 플러그인.

근래에 출시되는 리미터 플러그인은 순수한 리미터 기능 외에도 이퀄라이저, 컴프레서, 인핸서, 이미저imager, 맥시마이저 등 다양한 마스터링 기능도 포함하고 있어 독립적인 '마스터링 소프트웨어'라 해도 무방하다. iZotope Ozone11과 같이 최신 기술을 적용한 플러그인의 경우 발매된 음원이나 참고 음원을 선택하면 이와 유사한 사운드와 파라미터값을 제공하므로 손쉽게 원하는 사운드를 만들 수 있다. 그럼에도 전적으로 의존하기에는 아직 부족함이 있어 사운드에 대한 아이디어를 얻거나 시작하는 출발지점 정도로 사용할 것을 권한다.

주요 리미터/마스터링 플러그인으로는 iZotope Ozone, Fabfilter Pro-L2, Cradle Thegodparticle, Waves L2, Brainworx Masterdesk, McDSP ML4000 등이 있고 마스터링뿐만 아니라 스테레오버스, 악기별 서브그룹, 개별트랙에도 사용 가능하다.

그림 4-11 마스터링 플러그인

Cradle thegodparticle(좌), bx_masterdesk(우).

익스팬더와 게이트

익스팬더expander와 게이트gate는 컴프레서나 리미터와 마찬가지로 오디오신호의 다이내믹을 조절하는 음향처리장치이다. 다만 컴프레서와 리미터처럼 트레숄드 레벨 이상의 입력신호를 압축하는 대신 트레숄드 레벨 이하로 내려가는 신호를 더욱 감소시켜 결과적으로 다이내믹 레인지가 넓어지는 효과를 가져온다. 컴프레서와 리미터의 관계처럼 압축비에 따라 익스팬더와 게이트가 구분되며 낮은 압축비는 익스팬더, 높은 압축비로 작동하면 게이트라 한다.

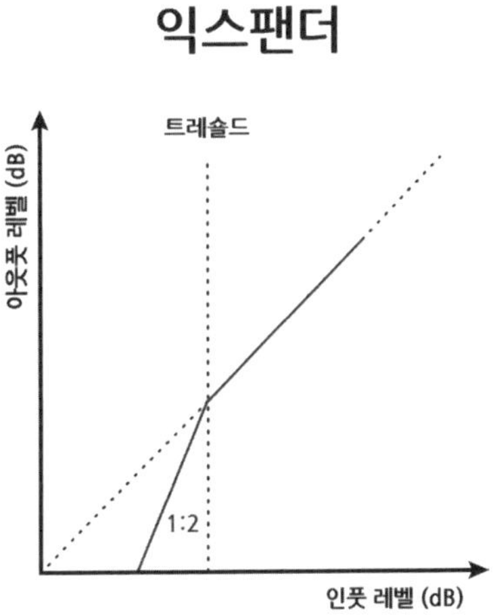

그림 4-12 익스팬더
Ratio 1:2의 경우.

원래 이 둘의 사용 목적은 주로 노이즈 제거에 있었다. 그래서 게이트는 '노이즈 게이트noise gate'라고도 불리는데 문을 닫으면 노이즈가 들리지 않는 것에 비유한 것이다. 과거 대부분의 아날로그 장비에는 히스hiss나 험hum 노이즈가 많았고, 특히 아날로그 테이프 레코더가 재생될 때 각 트랙의 노이즈가 최종 스테레오버스로 합쳐지면 제법 큰 레벨의 노이즈가 되었기 때문에 이를 방지하기 위해 대형 믹서의 각 채널에 장착된 익스팬더 혹은 게이트를 낮은 트레숄드 레벨로 설정하고 항상 작동하도록 했다.

근래에는 노이즈 없는 디지털장비와 성능 좋은 아날로그 제품이 많이 출시되어 익스팬더와 게이트의 사용이 많이 줄었다. 대신 컴프레서와 리미터의 경우처럼 음악적 뉘앙스를 변화시키는 용도로 사용되고 있다.

파라미터

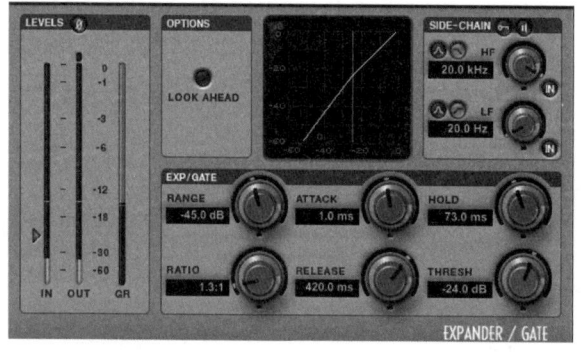

그림 4-13 파라미터
ProTools Dyn3 Expander/Gate 플러그인.

∞ Threshold

트레숄드는 익스팬더와 게이트의 동작레벨을 결정한다. 입력신호가 트레숄드 레벨 아래로 내려가면 정해진 레인지나 비율로 감소시킨다.

∞ **Range**

레인지는 익스팬더나 게이트가 작동할 때 감소되는 깊이를 정한다. 대략 0dB~90dB의 범위를 갖고 있고, 0dB의 경우 작동하지 않고, 레인지가 클수록 입력신호의 감소폭이 커진다.

∞ **Ratio**

압축비는 입력신호가 트레숄드 레벨보다 낮아지면 다이내믹 레인지가 확장되는 양, 즉 트레숄드 레벨 아래의 신호가 감소되는 양을 조정한다. 가령 압축비를 1:2로 정하면 입력신호가 트레숄드 레벨 아래로 1dB 내려갈 때 출력이 2dB씩 감소된다. 컴프레서와 리미터의 관계처럼 압축비가 약 1:10 이상의 높은 비율에서는 '게이트'라 한다.

∞ **Attack time/Release time**

어택타임은 입력신호가 트레숄드 레벨 아래로 떨어질 때 게인이 감소하는 속도를 정한다. 빠른 어택타임은 게이트를 빨리 닫으면서 오디오신호의 서스테인이 빠르게 감소 혹은 제거되기 때문에 사용 시에 주의한다. 제조사마다 다르지만 약 $10\mu s$ ~300ms 범위 내에서 설정이 가능하다.

반면에 릴리즈타임은 입력신호의 레벨이 트레숄드 레벨을 초과하여 게이트가 다시 열리는 데 필요한 시간이다. 릴리즈타임이 늦을 경우 트랜지언트가 발생한 이후에도 게이트가 닫혀있어 오디오신호의 어택이 잘리는 경우가 발생하므로 유의한다. 이 역시 제조사마다 차이가 있지만 대략 5ms~4s 정도다.

∞ **Hold**

홀드는 입력신호가 트레숄드 레벨 아래로 떨어진 이후에 얼마 동안 오래 열려있어야 하는지를 정한다. 입력신호가 트레숄드 레벨 근처에서 머무를 경우 반복적으로 열리고 닫히면서 마치 부딪치는 듯한 소리chattering를 발생시키므로 적정한 홀드 시간을 정해 이러한 부작용을 방지할 수 있다.

활용

∞ **게이트는 입력신호의 노이즈 제거 및 감소에 탁월한 기능을 가지고 있다**

예컨대, 앰프를 사용한 일렉기타 레코딩의 경우 앰프의 노이즈가 지속적으로 발생하므로 트레숄드 레벨을 낮게 설정하여 연주하지 않는 부분에서 자동적으로 레벨을 감소시켜 노이즈를 제거할 수 있다. 어쿠스틱 기타 혹은 보컬의 경우 연주나 노래를 하지 않는 동안 헤드폰에서 새는 클릭이나 음악 소리를 자동적으로 감소시킬 수도 있다. 다만 트레숄드 레벨을 잘못 설정했을 경우 오히려 악기소리를 감소시킬 수 있으므로 주의한다.

∞ **음악적 뉘앙스를 바꿀 수 있다**

타악기의 경우 늘어지는 서스테인은 오히려 타격감을 무디게 만드는 경향이 있는데 이때는 익스팬더나 게이트를 사용하여 빠른 어택타임으로 서스테인을 미리 줄여서 마치 끊어 치는 듯한 소리를 만들 수도 있다.

적절치 못한 어택타임과 릴리즈타임으로 인해 오디오신호의 서스테인이 끊기거나 어택이 잘려 부자연스러워지지 않도록 주의하고, 트레숄드 레벨을 필요 이상으로 높게 설정하면 조용하게 연주되는 부분이 제거될 수 있어 상대적으로 다이내믹이 낮은 부분을 찾아 확인한다.

이 외에도 익스팬더를 이용한 자연스러운 다이내믹 확장을 통해 트랜지언트가 큰 다이내믹을 부드럽게 하거나 서스테인을 매끄럽게 내려 앉히고, 심하게 압축된 소스의 다이내믹 조절을 통해 음악적 뉘앙스나 생기를 불어넣을 수 있다.

이퀄라이저

이퀄라이저equalizer란 오디오신호의 음색 변화를 위해 특정 주파수를 증가시키거나 감소 또는 제거하는 음향처리장치이다. 작동 방법이 까다롭지 않고 효과도 쉽게 알 수 있는 음향 작업을 위한 필수적인 장치 중 하나이다.

이퀄라이저와 비슷한 용어로 '필터'라는 개념도 혼용해 쓴다. 필터는 단일 주파수와 관련하여 작동하는 일종의 회로를 말하고, 이퀄라이저는 여러 개의 필터로 구성되는 장치를 뜻한다. 따라서 이퀄라이저와 필터는 동일한 의미로 사용해도 무방하다.

종류

이퀄라이저는 크게 그래픽 이퀄라이저graphic equalizer와 파라메트릭 이퀄라이저parametric equalizer로 나뉜다. 최근에는 주파수대역의 진폭(다이내믹)에 따라 게인 값을 자동으로 변화시키는 소프트웨어 형태의 다이내믹 이퀄라이저dynamic equalizer가 출시되고 있다.

∞ 그래픽 이퀄라이저

그래픽 이퀄라이저는 오디오 스펙트럼을 특정 주파수로 나눈 뒤, 각 주파수마다 슬라이더를 이용해 개별적으로 증감할 수 있다. 직관적이고 조작이 간단하여 사용이 편리하지만 중심주파수와 Q값이 고정되어 있어 세밀한 조정이 힘들다. 일반적으로 10개의 중심주파수를 가진 1옥타브밴드와 31개의 중심주파수를 가진 1/3옥타브밴드로 나뉘고, 공연장이나 실내 음향시스템처럼 이퀄라이저 조작 이후 고정적으로 설치하는 시스템에서 주로 사용한다.

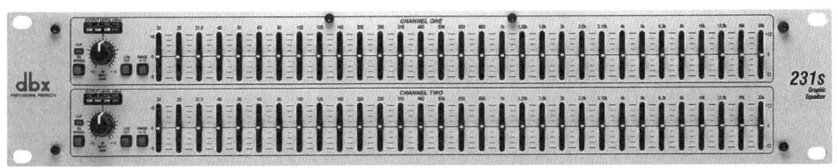

그림 4-14 그래픽 이퀄라이저

dbx_231s Graphic EQ.

∞ 파라메트릭 이퀄라이저

파라메트릭 이퀄라이저는 중심주파수와 Q값이 고정되어 있는 초기 필터회로를 보완하고 정교한 음향처리를 위해 중심주파수와 Q값이 조절 가능한 형태로 되어있다. 중심주파수와 대역폭을 변경할 수 있어 더 많은 주파수 밴드를 제공하고 섬세한 조정이 가능하여 음악 작업에 많이 사용된다.

그림 4-15 파라메트릭 이퀄라이저

GML8200 Parametric EQ.

- 주파수frequency: 파라메트릭 이퀄라이저는 조정하려는 주파수를 가변적으로 설정할 수 있고, 그래픽 이퀄라이저는 주파수가 고정되어 있다.
- 게인gain: '+, −' 형태로 되어있고 설정한 주파수를 증가 혹은 감소시킨다.
- Q(Quality-Factor): Q는 중심주파수를 대역폭으로 나눈 값으로, 여기서 대역폭이라 함은 중심주파수보다 3dB 낮아지는 지점 사이를 말한다. Q가 높으면 좁은 대역에, 낮으면 넓은 대역에 반응한다.

∞ 다이내믹 이퀄라이저

일반적인 이퀄라이저는 시간의 흐름이나 입력신호의 다이내믹과는 상관없이 특정 주파수를 지속적으로 증가 혹은 감소시키는 반면, 다이내믹 이퀄라이저는 특정 주파수대역의 입력레벨(다이내믹)에 따라 주파수를 증가 또는 감소시킨다.

베이스의 특정 음에서 발생하는 주파수 공진이나 어쿠스틱 기타의 바디에서 발생하는 공진, 보컬의 파열음, 유사한 주파수대역 내의 악기들이 뭉치는 경우 등에 상당히 유용하다. 작동방법은 설정한 주파수대역의 레벨이 트레숄드를 초과하면 그 대역의 레벨이 감소되기 시작하고, 다시 트레숄드 레벨 아래로 내려가면 동작을 멈춘다. 반대로 부족한 주파수대역을 증가시키려는 경우에도 사용이 가능하다.

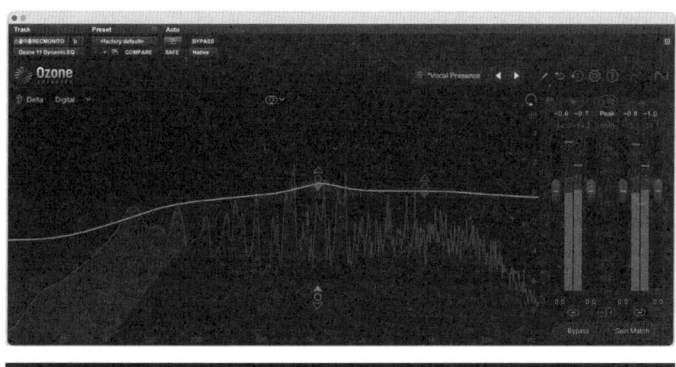

그림 4-16 다이내믹 이퀄라이저

Ozone11 Dynamic EQ 플러그인.

사용목적

∞ **사운드소스의 음색을 변화시킨다**

선명한 소리, 소스 간의 간섭 제거 등 주파수에 변화를 주어 원하는 음색을 표현할 수 있다. 예컨대 베이스기타에 저주파대역이 많아 킥드럼을 마스킹하면, 이퀄라이저를 이용해 간섭하는 주파수대역을 줄이거나 악기의 윤곽을 위해 특정 주파수대역을 증가시킨다. 이때 다른 악기와 동시에 들으면서 조절해야 전체 음악에 더 잘 어울리는 소리를 만들 수 있다.

∞ 곡의 음조 균형을 유지할 수 있다

곡 전체 사운드에서 특정 주파수에 과도하게 치우쳐 있지 않도록 이퀄라이저를 통해 음조 균형 tonal balance을 맞춘다. 위에서 설명한 소스의 음색 조절과 같은 맥락이며 청취자가 불편하지 않도록 주파수 스펙트럼의 균형을 잡을 수 있다.

∞ 음색의 변화로 밝음, 어두움과 같은 음악적 감정의 적극적 표현이 가능하다

음색은 음악을 듣는 사람들에게 감정적 요소를 전달하는 중요한 요소이다. 이러한 의미에서 이퀄라이저를 이용한 음색의 변화는 음악의 느낌과 감정에도 변화를 가져온다고 할 수 있다.

∞ 개성 있는 사운드를 만든다

일반적인 사용방법을 벗어나 창의적 소리를 만들고 싶을 때 좀 더 과감하게 사용한다. 급격한 필터링이나 매우 좁은 Q설정, 극단적인 게인의 증가나 감소로 개성 있는 사운드가 가능하고 여기에 다른 음향효과도 함께 섞는다면 더욱 흥미로워진다. 결과물이 사운드에 도움이 된다면 설사 소리의 찌그러짐이 발생하더라도 그리 문제 되지 않는다.

∞ 소스의 밸런스도 조절할 수 있다

이퀄라이저의 게인이 증가하거나 감소하면 레벨에 변화가 생기며, 특히 음색의 변화로 인한 음량의 차이가 크게 느껴져 결국 소스 간의 밸런스가 변하게 된다.

사용순서

이퀄라이저 사용법은 의외로 간단하다. 숫자는 크게 신경 쓰지 말고 바꾸려는 주파수를 어림짐작으로 정한 뒤, 과도하게 게인을 올리거나 내린 상태에서 원하는 소리를 찾을 때까지 주파수 노브를 돌려본다. 그리고 비슷한 소리를 찾으면 게인을 적절하게 맞춘다. 변화시키려는 음색의 정확한 주파수를 찾으려고 눈으로 애쓰기보다 귀로 들으면서 원하는 변화가 일어나는 대역을 찾으면 그만이다. 밴드 MAROON5, R.E.M, 3 Doors Down의 프로듀서 및 엔지니어인 Matt Wallace도 세상의 모든 믹서의 EQ에 새겨져 있는 숫자들이 다 없어져 버렸으면 좋겠다면서[10] 신경 쓸 것은 숫자가 아니라 사운드와 느낌이라고 강조했다.

필터

필터filter는 단일 주파수와 관련하여 작동하는 일종의 회로로, 필터링하는 타입에 따라 패스필터, 쉘빙필터, 파라메트릭필터로 나눌 수 있고 기호로 표기되어 있어 구분하기 쉽다. 최근 출시되는 플러그인은 다양한 형태의 필터를 모두 포함하고 있으며 이퀄라이저의 사용법과 다르지 않다.

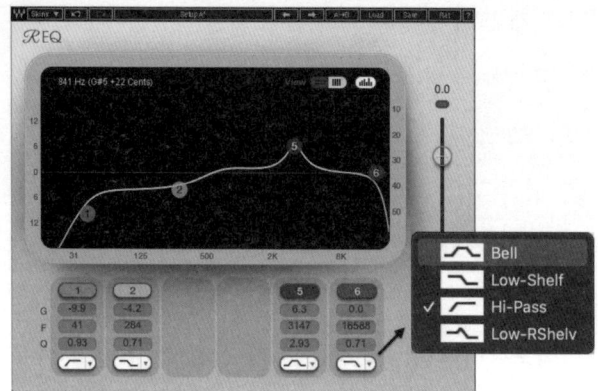

그림 4-17 필터 타입

다양한 필터 타입. Waves Renassance EQ 플러그인.

∞ 패스필터

패스필터pass filter는 하이패스필터high pass filter와 로우패스필터low pass filter가 있고, 하이패스필터는 저주파를 제거하는 로우컷low-cut, 로우패스필터는 고주파를 제거하는 하이컷hi-cut이다. 예컨대 심벌 마이크에 들어온 저음역의 킥드럼 소리나 반대로 킥드럼 마이크에 들어온 고음역의 심벌소리를 제거할 때 사용한다. 불필요한 주파수를 필터링하면 선명해지고 다른 소스를 위한 공간이 만들어진다. 특히 악기가 많은 편곡에서 필터의 쓰임이 많다.

∞ 쉘빙필터

쉘빙필터shelving filter는 극단적으로 필터링하는 패스필터에 비해 부드럽게 필터링하여 해당 주파수를 완만하게 증감한다. 특정 주파수를 제거하려는 목적보다는 소리를 두껍거나 얇게, 혹은 밝거나 어둡게 만드는 데 유용하다.

∞ 파라메트릭필터

파라메트릭필터parametric filter 또는 피킹필터peaking filter는 보편적이고 자주 사용하는 형태의 필터로 파라메트릭 이퀄라이저와 같다. 다른 악기와 겹치는 주파수대역을 줄이거나 특정한 주파수를 강조할 때 사용한다.

활용

∞ 감소시키기

소스 사이에 문제가 있거나 원치 않는 주파수 또는 하모닉스가 있을 경우에 주파수를 깎는 방식으로 사용한다. 이를테면 리드보컬과 백그라운드보컬이 서로 섞여있을 경우에는 백그라운드보컬에서 리드보컬의 특징을 잘 나타내는 포먼트formant 주파수대역을 줄이면 조금씩 분리되면서 리드보컬이 앞으로 나오기 시작한다. 게인을 줄일 때는 좁은 Q로 사용하는 것이 낫다.

∞ 증가시키기

반짝거림, 존재감presence, 공격성attack 등 특정한 효과나 색깔을 입히려면 게인을 더하는 방향으로 사용한다. 가령 보컬에 약 3~4kHz 대역을 올리면 밝아지고 존재감이 살아나며, 킥드럼의 약 100~200Hz 대역을 증가시키면 덩치가 커지는 효과가 있다. 게인을 증가시키는 것은 넓은 Q로 사용하는 것이 매끄럽지만 위상 변이가 생길 수 있으니 주의한다.

여러 악기에 동일한 주파수를 더하면 서로 뭉치거나 유사한 색깔이 되므로 가급적 이를 피하고 악기마다 중심주파수를 정해서 서로 다르게 나열하는 방법으로 믹싱한다. 역으로 악기들이 너무 동떨어져 있는 경우에는 비슷한 대역을 증가시켜 서로 붙는 느낌을 만든다.

∞ 비우고 채운다

사운드소스를 위한 공간을 만든다는 개념으로, 복잡한 편곡을 가진 음악일수록 한쪽을 채워 넣으면 다른 한쪽은 비운다. 믹싱을 리듬에서부터 시작했을 때 보컬을 위한 공간을 비워두지 않고 악기를 꽉 채우는 경우가 있는데 결국 보컬의 공간을 확보하기 위해 다시 밸런스와 음색을 조정하는 '거꾸로 가는 믹싱'이 되고 만다. 같은 맥락으로 주파수 스펙트럼뿐만 아니라 다이내믹 측면에서도 동일하게 접근한다.

∞ EQ 차트

음향처리에 관한 경험이 쌓이게 되면 주파수대역마다 주관적인 색깔과 감정을 갖게 된다. 아래 내용은 필자의 주관적인 주파수 분류이므로 참고하여 비교해 본다.

- Sub Bass(약 60Hz 이하): 서브베이스 대역. 악기는 피아노, 하프, 콘트라베이스, 튜바, 킥드럼 등이 해당된다. 차지하는 다이내믹에 비해 존재감은 크지 않지만 음악 장르에 따라 상당히 중요한 대역이 된다.
- Low(약 60~300Hz): 몸통, 무게, 덩치. 기타, 첼로, 비올라, 트럼펫 등의 저음역이 시작되고 베이스기타, 탐, 스네어드럼의 몸통이 되는 중요한

대역으로 주로 리듬악기가 차지한다. 저음역, 저주파대역.
- Low-Mid(약 300Hz~1kHz): 허리, 중심. 많은 악기들이 존재하여 에너지가 몰리므로 너무 강조되지 않도록 다이내믹 조절이 필요하다. 중음역, 중주파대역.
- Mid(약 1~4kHz): 존재감, 명료도. 사람에게 민감한 대역인 약 2~3kHz가 포함되어 있다. 약 1~2kHz 대역이 지나치면 거칠고 코 막힌 소리가 난다. 고음역. 중주파대역.
- Hi(약 4kHz 이상): 선명도. 치찰음. 피아노의 가장 높은 C8은 4186Hz. 이 대역 이상을 기음fundamental으로 가지고 있는 악기는 거의 없다. 약 7kHz 이상은 '에어air', 개방감. 하모닉스. 고주파대역.

8 사용순서

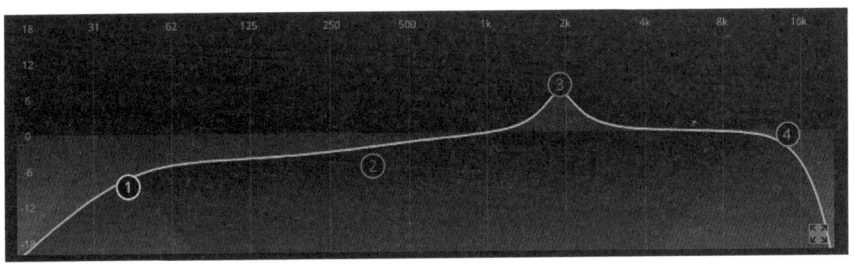

그림 4-18 필터 사용순서

패스필터, 쉘빙필터, 파라메트릭필터 순서로 사용한다.

이퀄라이저(필터)는 ①/④패스필터, ②쉘빙필터, ③파라메트릭 이퀄라이저(필터) 순서로 사용하는 것이 효과적이다. 우선 하이/로우패스필터로 불필요한 주파수를 제거한 뒤에 쉘빙필터로 원하는 색깔로 바꾸며, 마지막에 파라메트릭 이퀄라이저(필터)로 음색을 정교하게 만든다.

컴프레서와 함께 사용할 경우에는 필터링(특히 저주파대역) 후에 컴프레서를 연결하여 불필요한 주파수로 인해 컴프레서가 작동하는 것을 피한다.

리버브

  '리버브reverberation'란 음원에서 소리가 발생했을 때 물체와 벽처럼 공간을 이루는 장애물에 반사되어 발생하는 잔향을 말한다. 리버브는 음원으로부터 직접 들리는 직접음direct sound, 적은 횟수의 반사와 함께 약 50ms의 짧은 시간 안에 들리는 초기반사음early reflection, 많은 반사와 함께 에너지가 소멸하는 잔향reverberation으로 이루어져 있다.

  리버브는 에코, 리버브, 앰비언스 등 다양한 이름으로 불리는데, '에코는 그랜드 캐니언에서 소리칠 때, 리버브는 그랜드호텔 볼룸에서 소리칠 때, 앰비언스는 그랜드호텔 화장실에서 소리칠 때 나는 소리다.'라고 레코딩 엔지니어 Tim Crich는 그의 저서 『Recording Tips for Engineers』에서 간단하고 명쾌하게 설명하고 있다. 에코는 메아리와 같이 반복적으로 일어나며, 리버브는 반복이 짧고 밀도감이 있는 잔향이 일어나고, 앰비언스는 룸에서 일어나는 공간감이 강조된 짧은 잔향을 나타낸다.

그림 4-19. 챔버 리버브
Bill Putnam Echo Chambers.
https://www.audioease.com.

1940년대 후반, 스피커로 발생한 잔향을 마이크로 직접 잡는 방식의 인공 잔향장치인 에코챔버 리버브echo chamber reverb를 음악에 이용하기 시작했고, 플레이트 리버브와 스프링 리버브도 출시되었다.

1976년, 첫 상업용 디지털 리버브로 여겨지는 EMT 250[11] 모델이 출시되고 다양한 디지털 리버브장치들이 나오게 되었다. 현재는 Waves H-Reverb, Audioease Altiverb, LiquidSonic Seventh Heaven 등 소프트웨어 플러그인 형태로 많이 사용한다.

그림 4-20 스프링과 플레이트 리버브

AKG BX15(좌), Ecoplate II(우). https://www.audioease.com.

효과

음악에서 리버브를 이용하여 얻을 수 있는 효과는 다음과 같다.

∞ 음악적 분위기를 연출한다

리버브는 음악적 감정을 만드는 데 중요한 역할을 한다. 예를 들면, 약 3~5초 이상의 긴 리버브는 라운지, 칠아웃, 앰비언트 장르처럼 모호하고 몽롱한 분위기에 효과적이고, 1초 이하의 짧은 리버브를 이용하면 밝고 뚜렷한 뉘앙스를 주면서 마치 근접한 거리에서 음악을 연주하는 듯한 느낌을 연출한다.

∞ 스테레오 효과나 확장된 이미지를 얻을 수 있다

모노소스에 약 1초 이하의 짧은 스테레오 Ambiance 리버브를 더하면 스테레오 효과를 얻을 수 있고 프로그램된 공간의 크기에 따라 이미지를 확장시킬 수 있다.

∞ 소스 간에 명암을 주어 깊이감과 입체감을 만들 수 있다

사운드의 깊이감과 입체감은 소스 간의 명암 차를 이용하는데, 약 2초 이상의 리버브를 더하면 소스의 윤곽이 흐려지면서 뒤로 물러서게 되는 반면에 약 1초나 그 이하는 소스를 앞으로 나오게 만들면서 뚜렷한 윤곽이 만들어진다.

∞ 접착제와 같은 효과가 있다

악기와 악기, 악기와 보컬, 보컬과 보컬 사이가 동떨어져 다소 어색한 느낌을 줄 때가 있다. 이 경우에 약 1초에서 2초 사이의 Ambiance, Hall 리버브를 적당히 섞으면 그 경계가 흐려지면서 마치 접착제처럼 그 간격이 메워지고 서로 붙는 듯한 효과를 낸다. 단 과도하게 사용하면 소스의 명료도가 떨어지는 단점이 있다.

∞ 창의적인 사운드효과나 분위기를 만들 수 있다

우리가 상상할 수 있는 공간 외에도 경험해 보지 못한 개성 있는 공간효과를 만들 수 있다. 여러 종류의 리버브를 섞어 쓰기도 하고 이퀄라이저나 노이즈 게이트 등 다른 음향장치와 함께 사용하면 흥미로운 사운드효과를 가져올 수 있다. 가령 Valhalla Shimmer는 긴 리버브에 피치효과를 더해 미묘한 뉘앙스로 앰비언트 장르에 어울리는 리버브가 만들어지고, Hall이나 Ambiance에 게이트를 사용하면 'Gated Reverb' 효과로 깔끔하고 풍부한 리버브의 울림이 된다.

리버브 프로그램의 종류

리버브 프로그램은 모방한 공간의 크기와 특성에 따라 Hall, Chamber, Ambiance, Room, Plate 등으로 나뉜다.

∞ **Hall**

홀은 크기가 다소 큰 실내공간에서 발생하는 잔향으로 보컬, 스트링, 기타, 피아노 등 대부분의 소스에 잘 어울리고 자연스럽다. Large Hall, Medium Hall, Small Hall과 같이 공간의 크기에 따라 프로그램되어 있어 원하는 공간을 선택한다.

∞ **Room**

룸은 홀보다 작고 방과 같은 실내공간에서 얻을 수 있는 잔향이다. 잔향시간은 약 1초 내외로 가깝고 현장감 있는 소리를 느낄 수 있어 드럼, 어쿠스틱 혹은 일렉기타에 잘 어울린다. 룸 역시 Large Room, Medium Room, Small Room과 같이 공간의 크기에 따라 프로그램되어 있다.

∞ **Chamber**

챔버는 룸하고 비슷하지만 룸보다는 색채가 덜하다. 룸과 같은 공명이나 초기반사가 적어 부담 없이 쓸 수 있고 리버브 타임을 길게 해도 자연스러워 어쿠스틱 악기, 보컬 등에 대부분의 소스에 잘 어울린다.

∞ **Ambience**

앰비언스는 특정 공간의 크기나 특성을 모방하기보다는 음원에 공간감과 깊이를 주는 데 중점을 두는 프로그램이다. 주변 환경과 분위기를 느낄 수 있고 소스에 생동감을 더할 수 있어 건조한 느낌의 소스에 주로 사용한다. 보컬, 스트링, 어쿠스틱 기타 등에 잘 어울린다.

∞ Plate

플레이트는 Hall, Room, Ambiance와 같이 공간의 크기나 종류에 따라 프로그램된 것이 아닌 금속 플레이트(철판)로 만들어진 인공적인 리버브 장치에서 발생하는 잔향이다. 그림 4-20과 같이 큰 박스 안에 플레이트를 넣고 스피커를 이용해 소리를 발생시키면 플레이트가 반응하여 독특한 잔향이 발생하고, 이 잔향을 픽업이 잡는다. 금속성 음색으로 시원한 느낌을 주어 스네어드럼이나 보컬에 잘 어울리고 치찰음에 민감하게 반응한다. 과하면 뿌옇게 흐려져 명료도를 떨어뜨린다.

∞ Spring

스프링리버브는 실제 스프링에서 발생하는 금속성의 소리와 공명을 이용한 리버브로 현재는 하드웨어를 모방한 플러그인 형태로 많이 사용한다. 기타, 키보드, 보컬 등 사용하여 빈티지한 느낌을 만들 수 있다.

파라미터

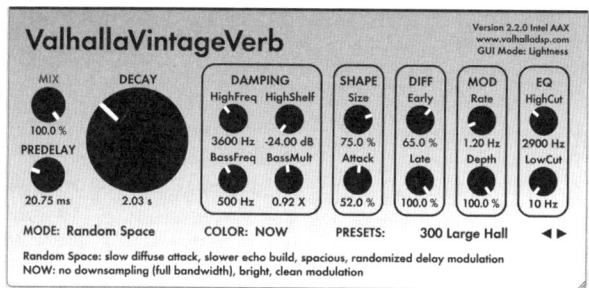

그림 4-21 리버브 파라미터

Valhalla VintageVerb 플러그인.

∞ Reverberation time/Decay

리버브 타임/디케이는 특정 공간에서 반사된 소리가 에너지를 잃어 들리지 않을 때까지 걸리는 시간이며 공간 크기에 대한 정보를 포함하고 있다. 리버브 타임이 길면 다른 소스를 마스킹할 수 있어 깨끗하고 분위기 있는 사운드를 얻기 위해서는 곡의 템포를 고려하여 리버브 타임을 정한다.

∞ Pre-delay

프리딜레이는 직접음과 최초 반사음과의 시간차를 말한다. 청취자와 음원의 거리가 가까울수록 직접음이 반사음보다 상대적으로 먼저 들리므로 프리딜레이가 길어지고, 멀수록 직접음과 리버브와의 시간 차이가 적어 프리딜레이가 짧아지는 원리를 이용한다.

적당한 프리딜레이는 소스와 리버브가 분리되어 명확하게 들리는 반면, 너무 길면 소스와 리버브가 동떨어져 어색해지고, 너무 짧으면 소스와 리버브가 붙게 되어 소스가 뿌옇게 흐려지기도 한다. 보컬은 약 10~20ms 정도면 적당하고 발라드나 팝은 약 30~90ms 정도로 길게 설정할 수 있다. 이것도 역시 템포를 고려한다.

∞ Early reflection

소리가 발생하여 직접음 이후 잔향이 되기까지의 과정에서 초기에 발생하는 몇몇의 반사음을 일컫는다. 초기반사음은 공간의 특성과 거리에 관한 정보를 이해하는 데 도움을 주기 때문에, 초기반사음의 특성을 선택하거나 초기반사음과 잔향과의 비율을 통해 원하는 공간의 속성을 표현하도록 파라미터가 제공된다. 큰 공간일수록 초기반사음의 레벨이 작고, 청취자와 음원과의 거리가 멀수록 직접음에 비해 초기반사음의 레벨이 크다. 뿐만 아니라 표면의 재질에 따라 특성이 다르게 나타난다.

∞ Mix/Wet/Dry

'Wet'은 리버브 소리만을, 'Dry'는 리버브 효과가 없는 소스 소리만을 말한다. 'Mix'는 리버브와 소스와의 비율을 정하게 되는데 일반적으로 '0'은 소스만을, '100'은 리버브 소리만을 재생한다.

활용

- 악기에 따라 정해진 리버브가 있는 것은 아니다.

하지만 악기의 특성상 어울리는 리버브가 있기 마련이다. 필자의 경우에는 기타는 Room/Ambiance, 드럼은 Room/Plate, 스트링, 건반, 보컬은 Hall/Chamber 스타일의 리버브를 즐겨 사용하는 편이지만 음악의 스타일에 따라 수시로 변하므로 각자 다양하게 시도해 볼 필요가 있다.

- 모든 소스에 리버브를 사용할 필요는 없다.

특히 빠른 리듬을 가진 곡의 경우 리버브 사용이 많지 않고, 사용하더라도 약 1~1.5초의 짧은 리버브 타임을 가진 프로그램을 적용한다. 긴 리버브는 다음 비트에도 영향을 미쳐 다른 소스를 방해하거나 리듬의 스피드감을 떨어뜨린다. 뿐만 아니라 소스마다 다른 종류의 리버브를 사용하면 이미지가 혼란스러워질 수도 있다.

- 하나의 리버브에 모든 소스를 보내지 말자.

하나의 리버브를 많은 소스에 사용하게 되면 입체감이 줄어 단조롭고 소스 사이의 공간이 분리되지 않아 뭉치거나 마스킹 되기 쉽다. 이를 피하려면 비슷한 유형의 악기로 구분 지어 서로 다른 리버브 프로그램을 사용하거나 필요한 악기에만 추가하는 방법이 더 효과적이다.

드럼은 Room/Ambiance/Plate, 기타는 Room/Ambiance, 건반과 스트링은 Hall/Large Ambiance, 보컬은 Hall/Plate 등으로 악기 간에 다른 종류의 리버브 프로그램을 사용하여 소스 간에 명암을 줄 수 있다. 소스 간의 '명암'과 '대비'는 믹싱에서 중요한 표현방법의 하나이다(2장 '완성' 참조).

- 사운드소스의 크기를 좀 더 큰 사이즈로 만들려면 약 1초 이하의 Room이나 Ambiance 스타일의 짧은 리버브, 약 120ms 이하의 숏딜레이를 이용하는 것도 효과적이다. 긴 리버브나 딜레이는 오히려 소스를 뒤로 물러서게 한다.

- INSERT과 SEND/RETURN을 효율적으로 사용한다.

소스채널의 INSERT에 직접 연결할 경우(직렬방식) 소스와 리버브의 비율

(Dry/Wet)을 Mix로 조절한다. 반면에 SEND/RETURN의 경우(병렬방식) Mix는 무조건 100%로 두고 각 소스트랙의 SEND로 보내는 소스의 양으로 리버브 양을 조절한다.

INSERT은 Wet을 높이면 Dry 신호의 레벨이 낮아져 리버브의 양을 변경할 때마다 소스의 밸런스가 달라지는 단점이 있지만 해당 소스만의 특색있는 음색을 만들 수 있다.

SEND/RETURN은 여러 소스를 하나의 리버브에 보내기 때문에 컴퓨터 시스템에 과부하를 줄일 수 있는 반면, 각 소스에 맞는 정교한 연출은 어렵다.

● 리버브장치 이전이나 이후에 이퀄라이저를 이용한다.

소스의 모든 주파수, 즉 소스 그대로의 소리를 리버브로 보낼 필요가 없고, 리버브장치에서 발생하는 리버브 역시 모든 주파수를 다 재생할 필요가 없다.

가령, 치찰음과 같이 불필요한 고주파대역의 리버브를 발생시키지 않도록 리버브 플러그인 전 단계에 미리 디에서 혹은 로우패스필터 처리하거나, 탁하고 답답하지 않게 하이패스필터 처리 후 리버브장치로 보내면 선명한 리버브를 얻을 수 있다. 리버브장치 이후 필터사용도 비슷한 효과를 얻을 수 있지만 이 둘의 음색은 미묘하게 다르다. 필터링 주파수는 약 500Hz 이하, 약 7kHz 이상 주파수대역을 고려한다.

● 패닝이 항상 좌우 100%일 필요는 없다.

오히려 스테레오 소스가 많을 경우 양 끝에 많은 악기가 뭉칠 수 있어 리버브의 패닝 간격을 좁히는 것이 더 효과적이기도 하다. 스네어드럼의 경우 리버브의 패닝을 좌우 100에서 약 60 정도로 좁히면 오히려 다른 악기와의 분리되고 스네어드럼 소스와 잘 붙는다.

● 정확한 프리딜레이를 맞추는 것은 리버브 길이를 설정하는 것만큼 중요하다.

짧은 프리딜레이는 소스와 리버브가 붙어 답답하거나 명료도가 낮아진다. 약 20ms~60ms 정도의 다소 긴 프리딜레이는 여유 있는 공간이 만들어지고 리드보컬의 경우에는 약 60~180ms 혹은 그 이상 훨씬 길어도 좋다.

- 녹음과정에서 소스에 저장된 앰비언스는 항상 그곳에 있다.

소스와 함께 녹음된 앰비언스가 사운드에 긍정적인 영향을 준다고 생각되면 과감하게 표현할 필요가 있다. 드럼의 경우, 룸 앰비언스가 전체 드럼 사운드에 중요한 역할을 하므로 울림이 좋은 공간에서 녹음하는 것은 매우 중요하다. 이와는 달리 소스에 불필요한 앰비언스가 함께 녹음된 경우, 이를 제거하는 것은 기술적으로 어렵기에 특히 보컬녹음은 좀 더 세심한 접근이 필요하다. 물론 Waves Clarity Vx DeReverb Pro, iZotope De-reverb와 같은 플러그인을 사용하면 어느 정도 제거가 가능하지만 별도의 후반작업이 필요하고 소스에 손상이 갈 우려가 있다.

앰비언스가 음악적 방향에 적절한지 프로듀서나 편곡자가 엔지니어와 함께 판단하고, 즉시 판단이 어려울 경우에는 이동식 흡음판 등을 이용해 앰비언스를 줄이고 최대한 드라이한 상태에서 녹음한 후 믹싱에서 별도의 리버브 효과를 만드는 것도 좋다.

- 에뮬레이터 플러그인과 하드웨어 디지털 리버브.

리버브장치의 선택기준은 무엇보다 공간감이 현실적이거나 음악적인 뉘앙스를 가지고 있는지 여부다. 그런 면에서 필자는 UAD OceanWay Studios, EMT250, Capital Chambers와 LiquideSonics SeventhHeaven Professional, Vahalla VintageVerb의 사용빈도가 높은데, 특히 OceanWay Studios, Capital Chambers는 자연스러운 앰비언스로 어쿠스틱 악기와 보컬에 잘 어울린다(5장 '플러그인' 참조).

음악적인 면에서는 하드웨어 형태의 Lexicon 480L모델이 최고로 여겨져

한때는 거의 모든 스튜디오에서 보유하고 있었을 정도로 인기가 높았다. 모든 음악장르에 잘 어울리고 저장된 프로그램도 다양하며 리모컨이 있어 사용하기 편리하지만 높은 가격과 입출력 수에 한계를 가지고 있는 하드웨어적 특성으로 인해 근래에는 동일 모델의 에뮬레이터 플러그인이 많은 인기를 끌고 있다. 필자도 아직 Lexicon 480L을 보유하고 있지만 동일 모델의 에뮬레이터 플러그인을 자주 사용한다.

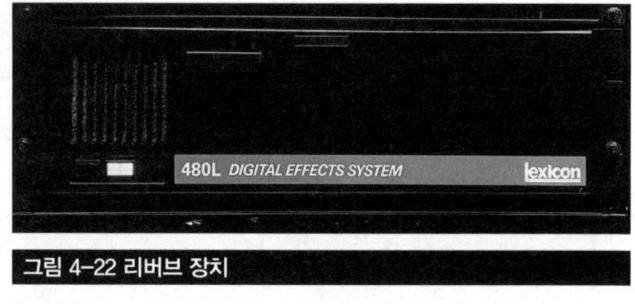

그림 4-22 리버브 장치

Lexicon 480L 디지털 이펙트 시스템 하드웨어와 리모트 컨트롤러.

딜레이

딜레이는 입력된 소스를 설정한 시간만큼 지연 후 출력하는 음향 효과장치이다. 리버브와 더불어 믹스의 공간감과 깊이감을 만들 때 중요한 역할을 하며, 특히 소스 간의 명암을 주는 데 효과적이다. 설정된 딜레이 타임과 양에 따라 음향적으로 큰 차이가 나서 그 사용방법이 무척 다양하다.

사용목적

딜레이를 사용하는 목적은 다음과 같다.

∞ 사운드의 공간감, 깊이감을 만든다

리버브는 소스를 뒤로 물러서게 하는 반면, 딜레이는 그런 경향이 덜하고 공간을 적게 차지하면서도 빈 공간을 채우기에 알맞아 다른 소스와 엉키지 않으면서 깊이와 풍부함을 얻을 수 있다.

∞ 소스가 모호해지는 효과로 다양한 감정을 표현한다

소스의 윤곽에는 변화가 없는 대신 건조한 분위기에 감정을 불어넣을 수 있다. 가령 보컬에 약간의 딜레이만으로도 사운드가 풍부해지거나 입체적이 되고, 'Slapback delay'를 이용하면 실제보다 다소 과장된 느낌을 줄 수 있다.

딜레이 시간에 따른 효과

∞ Hass effect delay/Short delay

한쪽은 소스, 다른 한쪽은 피드백 없는 약 30ms 이하의 지연된 소리로 하드패닝하면 하스이팩트가 발생하여 코러스나 스테레오 효과로 인식된다. 한 개의 기타트랙으로 스테레오 효과를 얻거나, 작은 공간감을 연출할 때 사용한다.

∞ Slapback delay

약 30ms~120ms 정도로 설정했을 때 발생하는 딜레이다. 약 30~70ms 정도의 짧은 딜레이는 잔향의 초기반사음과 유사하기 때문에 작은 룸이나 복도, 큰 창고에서 발생하는 리버브와 비슷한 효과가 생긴다. 이보다 긴 약

80~120ms 정도의 딜레이는 마치 엘비스 프레슬리나 비틀즈의 곡에서 쉽게 찾을 수 있는 울렁거리는 듯한 느낌이 드는데, Waves Kramer Tape와 같은 아날로그 테이프 딜레이 플러그인을 이용하면 보컬이나 기타에 꽤 잘 어울린다. 템포에 맞추기보다 약 50ms~120ms 사이에서 원하는 효과를 얻을 때까지 귀로 들으면서 조절한다.

∞ Repeat delay: 약 120ms 이상

동일한 사운드소스가 반복되는 일반적인 딜레이로 곡의 템포에 맞게 딜레이 타임을 조정한다. 단순한 반복보다는 다양한 효과를 섞는 것도 재미있다.

파라미터

딜레이 효과장비의 파라미터와 그 사용법은 다음과 같다.

∞ Delay time

딜레이타임은 반복 지연 시간으로 곡의 리듬에 맞도록 곡 템포를 기준으로 설정하는 것이 일반적이다. 1/2박, 1/4박, 1/8박 등 어떤 박자를 사용해야 한다는 규칙이 있는 것은 아니므로 박자를 바꿔가며 곡의 분위기에 어울리게 설정한다.

∞ Feedback

피드백은 딜레이가 반복되는 횟수를 말하는데, 되도록 적은 양의 피드백을 사용하여 너무 어지럽거나 리듬이 엉키지 않도록 하는 것이 중요하다.

∞ Low-Pass Filter/High-Pass Filter

단순히 소리를 반복하기보다 로우패스필터와 하이패스필터를 이용하여 개성 있는 효과를 만든다. 약 2~8kHz 이상의 로우패스필터는 딜레이를 뒤로 물러서게 하는 경향이 있어 소스와 딜레이가 서로 마스킹 되지 않고, 약 500Hz 이하의 하이패스필터는 불필요한 저주파대역에서 엉키거나 달라붙지 않도록 도와준다.

∞ Rate/Depth

Rate는 딜레이의 'pith modulation'이 얼마나 빠르게 발생하는가를 조절하고 Depth는 'pith modulation'의 정도를 조절한다. 자주 사용하는 파라미터는 아니지만 간혹 평범한 딜레이가 지루하거나 좀 더 흥미로운 사운드를 만들려고 할 때 유용하다.

∞ Mix/Dry/Wet

INSERT 방식일 경우 Mix를 이용해 소스와 딜레이 간의 비율을 조정하고, SEND/RETURN 방식에서는 무조건 100%로 두고 딜레이만 재생되도록 하되 딜레이의 양은 소스트랙의 SEND로 조절한다.

그림 4-23 딜레이

Waves H-Delay 플러그인.

활용

- Ping-pong delay.

핑퐁 딜레이는 마치 탁구공처럼 왼쪽과 오른쪽을 번갈아 가며 발생하는 딜레이로 대부분의 플러그인 프리셋에 저장되어 있다. 들릴 듯 말 듯 한 적은 양의 핑퐁 딜레이는 미묘한 분위기에 좋고, 과감하게 표현되면 양쪽에서 들리는 재미있는 사운드가 된다.

- 딜레이 타임에 변화를 준다.

딜레이가 눈에 잘 띄려면 곡의 템포에 맞는 정직한 딜레이보다 약 10ms 정도 늦게 혹은 빠르게 설정한다.

- 딜레이에도 리버브를 더한다.

반복되는 딜레이에 소스와 동일한 리버브를 조금 더하면 음악에 더 잘 붙게 된다. 반면에 Slapback delay는 딜레이효과가 가려지므로 리버브 사용을 피한다.

- 지루하게 반복되는 딜레이에 다양한 효과를 더한다.

동일한 소리를 반복하는 것보다 다양하게 가공해서 원래 소스와 섞어 쓰면 독창적인 딜레이가 된다. 이를테면 필터를 이용해 소스와 구분 짓거나 코러스 또는 디스토션, 피치쉬프트 등 다양한 음향처리를 하면 훨씬 다채롭고 입체적인 사운드가 된다.

● 아날로그 테이프 딜레이로 빈티지 효과를 얻는다.

위에서 설명한 'slapback delay'와 유사한 효과로, 일반적인 반복 딜레이와 함께 Lo-Fi, 레트로 스타일의 아날로그 사운드를 얻을 수 있다. 아날로그 기기를 사용했을 때 발생하는 무작위적인 변수와 옵션들, 이를테면 wow, flutter, roll-off, speed, bias로 개성 있는 음색과 캐릭터가 된다. Waves J37 TAPE, Kramer Master Tape, Abbey Road Reel ADT 플러그인이 있다.

그림 4-24 아날로그 테이프 효과

Waves Abbey Road J37 Tape 플러그인.

Mixing Music
The Balance of Art and Technology

5장

플러그인

DAW의 사용이 보편화되면서 플러그인**plug-ins**은 오디오 음향처리 과정에서 없어서는 안 될 중요한 도구로 사용되고 있으며, '최신'이란 말이 무색할 정도로 많은 제품들이 쏟아져 나오고 있다. 그중에서 많은 플러그인들은 하드웨어 제품을 모방한 에뮬레이터 플러그인으로, 하드웨어 제품과의 유사성을 강조하고 있지만 사실 동일한 하드웨어 제품과 얼마나 비슷한가는 그리 중요하지 않다. 아무리 흡사하게 만들었다 해도 차이가 있게 마련이라 원래 제품과 유사성에 집중하기보다 별도의 제품으로 생각하고 활용하는 것이 바람직하다.

다음에서는 사운드 품질, 기능성, 편리성, 호환성 등을 기준으로 필자가 선택하고 오랫동안 즐겨 사용하고 있는 플러그인을 소개한다.

Waves CLA-76

그림 5-1 Waves CLA-76 플러그인

첫 번째로 소개할 플러그인은 Waves 'CLA-76' 컴프레서다. CLA-76은 설명이 필요 없을 정도로 널리 알려져 있으며 필자도 자주 사용하는 플러그인이다. 60년대 중반에 출시된 Class A line level limiting amplifier 'UREI 1176' 하드웨어를 모방한 에뮬레이터로 트레숄드 노브가 없고 INPUT 레벨로 압축량을 조절하는 것이 특징이다.

하드웨어 1176 모델과 마찬가지로 보컬, 기타, 드럼 등에 많이 사용하고 거칠거나 에너지 넘치는 사운드에 잘 어울린다. 'RATIO' 버튼 4개를 동시에 누르는 'All-Ratio-Button-In' 기능이 유명한데 'CLA-76' 플러그인 역시 이 효과를 동일하게 만들 수 있다. 'All-Ratio-Button-In'은 RATIO의 'ALL' 버튼을 누르고 빠른 어택과 릴리즈로 설정하면 소리가 마치 펌핑**pumping**하거나 얼굴 앞에 닿아있는 듯한 사운드가 된다.

'Blacky' and 'Bluey'는 서로 다른 질감을 가진 두 가지 버전의 하드웨어를 선택할 수 있다. 'ANALOG' 버튼은 아날로그 뉘앙스를 가져올 수 있으나 여러 트랙에 사용하면 백그라운드 노이즈 레벨이 커져 OFF 상태에서 사용할 것을 권한다.

이 외에 UREI 1176 하드웨어 모델의 에뮬레이터 제품은 Universal Audio 1176, Arturia Comp FET-76, Slate FG-116 Series 등이 있다.

UAD Shadow Hills Mastering Compressor

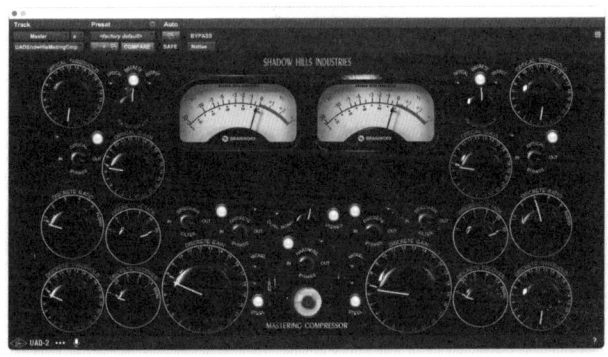

그림 5-2 UAD Shadow Hills Mastering Compressor

Shadow Hills Mastering Compressor는 스테레오버스, 마스터링 컴프레서이다. 동일한 하드웨어의 에뮬레이터로, Optical과 Discrete(VCA)를 개별적으로 혹은 서로 혼합하여 사용할 수 있다. 출력 변압기는 각기 다른 음색을 지녔고 Nickel, Iron, Steel중 하나를 선택할 수 있다. 'Nickel'은 선명하여 중주파대역의 소스가 도드라지고, 'Iron'은 저주파대역이 단단하고 무게감이 생기지만 약간 가운데로 몰리는 것처럼 들린다. 'Steel'은 고주파대역이 올라와 이미지가 넓어지고 평평해지는 듯하다.

    필자는 주로 스테레오버스에 연결하여 약간의 압축과 레벨을 올린 이후 맥시마이저나 리미터를 연결하여 사용한다. 이 제품은 다른 플러그인 제조사에서도 출시되고 있는데 음색은 유사하다.

Soundtoys
Devil-Loc Deluxe

그림 5-3 Soundtoys Devil-Loc Deluxe

　Soundtoys는 독특하고 재미있는 다양한 플러그인을 만드는 제조사이다. 그중에서 'Devil-Loc Deluxe'는 출시된 지 오랜 시간이 지났으나 아직도 개성 있는 'Distortion'과 'Saturation' 사운드를 만들어 주는 플러그인으로 'Shure Level-Loc' 제품의 에뮬레이터이다. 원래 'Shure Level-Loc'은 1960년대의 PA시스템을 위해 설계된 강력한 리미터로, 극단적인 압축과 투박한 사운드 덕분에 엔지니어와 프로듀서들에게 인기를 얻었다. 'Devil-Loc Deluxe' 역시 동일한 기능과 특성을 보이는데, 제품 메뉴얼에도 나와있듯이 연관 단어가 'Dirty', 'Nasty', 'Trashy'로 지저분하면서도 멋진 디스토션 효과를 얻을 수 있다. 'CRUSH'와 'CRUNCH' 2개의 파라미터로 간단하게 사용할 수 있으며, 'DARKNESS'는 내장된 High-cut Filter의 Cutoff 주파수를 변화시켜 밝기에 해당하는 음색조절이 가능하다.

드럼에 사용하면 두께감이 생기고 악기의 크기가 커지는 듯한 효과를 얻는 데 도움이 된다. 드럼의 각 악기에 직접 사용하기보다는 드럼 서브그룹의 INSERT로 연결해서 'Mix'로 양을 조절하거나 SEND/RETURN으로 사용한다. 필자는 보컬에도 자주 사용하는 편인데 SEND/RETURN 방식으로 원 소스와 적당한 비율로 섞기도 하고, 경우에 따라서는 오토메이션으로 곡의 파트마다 원래의 사운드소스와 적당한 비율로 함께 사용하면 거칠고 힘이 있는 보컬이 만들어지므로 록이나 강렬한 댄스장르에 잘 어울린다.

LiquidSonics
Seventh Heaven Professional

그림 5-4 LiquidSonics Seventh Heaven Professional

'Seventh Heaven Professional'은 'BRICASTI M7 Stereo Reverb Processor'의 에뮬레이터로 높은 오디오 품질을 가진 플러그인이다. 다양한 프리셋과 카테고리로 나누어져 있고 각 프리셋은 정교하며 각각의 개성이 있어 쓸모가 많다. 'Advanced Controls'은 디케이타임, 프리딜레이, 롤오프 등 세밀하게 조정할 수 있는 많은 파라미터가 있고, 'Master Equalizer'는 잔향음의 음색을 조절할 수 있는 여러 대역의 이퀄라이저가 있다. 리버브 사용이 익숙하지 않은 사용자도 제공된 프리셋만으로 원하는 공간을 연출하는 데 어려움이 없다.

리버브 플러그인 중에는 다른 소스와 어울리지 않고 둥둥 떠다니거나 뒤로 숨는 가벼운 음색의 제품이 많지만 Seventh Heaven은 존재감이 뚜렷하고 상당히 현실적인 사운드를 들려주기 때문에 필자가 매일 사용하는 플러그인 중 하나다.

UAD Ocean Way Studios

그림 5-5 UAD Ocean Way Studios

UAD Ocean Way Studios 플러그인은 미국의 Ocean Way Studio A 스튜디오와 B 스튜디오 공간을 유니버설오디오만의 'Dynamic Room Modeling' 기술로 모델링하여 만든 플러그인이다. 공간뿐만 아니라 Ocean Way Studio

에서 보유하고 있는 빈티지 마이크를 모델링하여, 제공된 소스를 리마이킹 re-miking해서 음색을 변화시킬 수도 있다.

소스에 따라 마이크의 모델과 위치를 변경하고 거기에 반응한 잔향을 만들 수 있어 현실적인 공간감을 나타내는 데 탁월하다. 다양한 소스에 사용할 수 있는데, 특히 작은 공간에서 녹음된 스트링이나 피아노, 보컬 등에 사용하면 마치 넓은 공간에서 녹음된 듯한 자연스러운 앰비언스를 만들어 낼 수 있다.

리마이킹 모드를 사용했을 때 빈티지 마이크에서 만들어지는 음색은 이퀄라이저로 변화시키는 음색과는 상당히 다른 뉘앙스로, 인기 있는 팝아티스트 앨범에서 들어봄 직한 익숙한 소리로 변화된다.

그래픽 사용자 인터페이스(Graphical User Interface)가 직관적이어서 마이크와 악기의 위치를 변경하기 쉽고 그에 따른 잔향을 반응시킬 수 있다.

Waves F6
Floating-Band Dynamic EQ

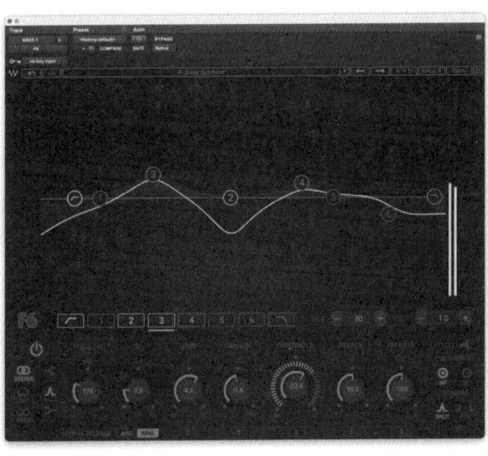

그림 5-6 Waves F6 Floating-Band Dynamic EQ

아마도 'F6 Floating-Band Dynamic EQ'를 사용하고자 마음먹었다면 소스 자체, 혹은 그 소스로 인해 문제가 발생했다는 것을 의미할 것이다. F6는 '다이내믹 이퀄라이저'로 선택한 주파수의 트레숄드에 따라 그 주파수대역의 레벨을 올리거나 내림으로써 응급처치가 필요한 상황에서 믿고 쓸 수 있는 탁월한 성능을 발휘한다. 가령 스트링, 건반, 신스 등은 보컬과 비슷하거나 보컬 주위의 넓은 주파수대역에 분포하기 때문에 코러스 섹션에서 다 함께 쏟아져 나오면 보컬의 명료도나 존재감에 영향을 줄 확률이 높다. 이때 이 악기들의 레벨이 설정된 트레숄드 이상 올라가면 미리 선택된 주파수를 감소시킴으로써 보컬과 겹치는 주파수대역을 통제하면서 상대적으로 보컬을 강조할 수 있다. 이외에도 기타의 공진음이나 거친 심벌, 하이햇의 높은 주파수들을 길들이기에 알맞은 플러그인이다.

위의 기능들을 이퀄라이저의 파라미터에 오토메이션 기능으로 대신할 수도 있으나, 다이내믹에 따라 자연스럽게 반응하게 하기 위해서는 'F6'와 같은 다이내믹 이퀄라이저를 사용하는 것이 훨씬 효과적이다.

Waves Kramer Master Tape

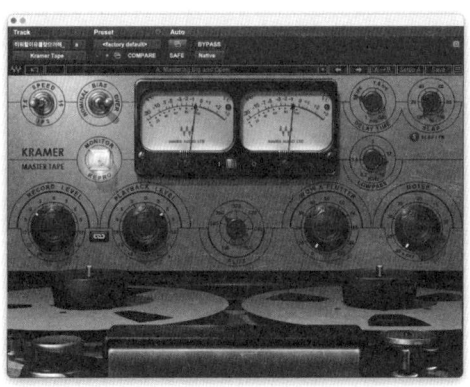

그림 5-7 Waves Kramer Master Tape

Kramer Master Tape는 아날로그 멀티 테이프 레코더를 시뮬레이션했고, 테이프를 사용할 때 일어나는 다양한 효과를 가진 플러그인이다. 출시된 지는 오래됐지만 재미있는 사운드를 만드는 데 자주 사용한다. 아날로그 음향 장치의 세츄레이션 효과도 좋지만 자연스러운 테이프 딜레이 효과가 필요할 때는 'Slap back delay' 옵션도 꽤 쓸 만하다.

'WOW&FLUTTER'도 적절히 섞으면 50~60년대 팝음악에서 들을 수 있는 빈티지 느낌을 만들 수 있다. 스탠딩에그 「She Is Back」의 보컬과 드럼소리를 자세히 들어보면 효과를 이해하는 데 도움이 된다. 고전적이지만 필수적인 플러그인이라 할 수 있고, UAD Ampex® ATR-102 Mastering Tape Recorder 플러그인으로도 유사한 효과를 얻을 수 있다.

Plugin Alliance
Black Box Analog Design HG-2

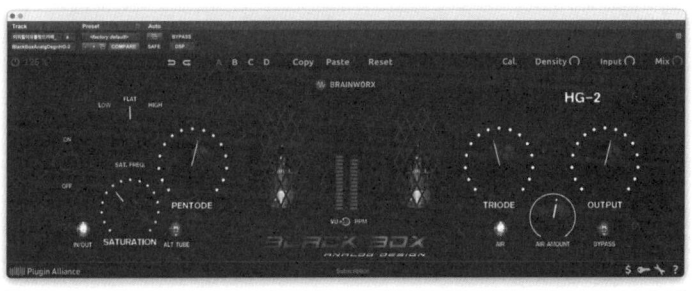

그림 5-8 Plugin Alliance Black Box Analog Design HG-2

　HG-2 플러그인은 동일한 하드웨어의 에뮬레이터 버전이다. PENTODE 5극과 TRIODE 3극 진공관을 거치면서 발생하는 하모닉스를 얻을 수 있으며, 'SATURATION'은 선택된 주파수(SAT.FREQ)의 세츄레이션 양을 조절할 수 있다. 스테레오버스나 개별 소스에 모두 사용할 수 있으며 자연스러운 세츄레이션으로 소스가 단단해지고 선명하게 된다. 'AIR'는 초고역의 주파수를 올리면서 다른 소스와 잘 붙게 하는 일종의 접착제 역할을 한다. 필자는 믹싱이 끝난 후 레퍼런스와 비교했을 때 에너지가 다소 미흡하거나 거친 느낌이 필요할 때 그리고 보컬이나 특정 악기를 강조하고 싶을 때 사용한다.

Oeksound Soothe2

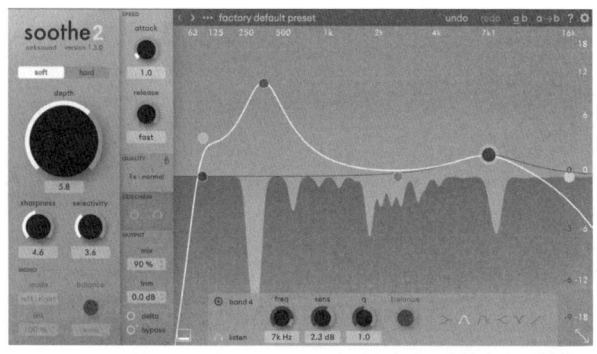

그림 5-9 Oeksound Soothe2

    Soothe2는 거친 음색, 공진음, 불필요하게 강조된 주파수대역을 완화시키는 데 효과적인 플러그인이다. 특히 다이내믹과 주파수가 계속적으로 변하는 경우 일반적인 이퀄라이저로는 해결하기 힘든 반면에 Soothe2는 실시간으로 분석하면서 이 기능을 수행한다.
    필자의 경우, 열악한 홈레코딩 환경과 디바이스로 녹음되어 투박한 보컬 음색을 보정하거나 어쿠스틱 기타의 저음역에서 발생하는 공진, 날카로운 심별, 저주파에 과도하게 반응하는 리버브 리턴에 주로 사용한다. 결과적으로 불균형한 음조 균형을 맞출 수 있고, 뭉쳐있는 특정 주파수대역을 완화시키거나 풀어준다. 하지만 주의 깊게 사용하지 않으면 밋밋해지거나 색깔이 평범해지는 결과를 가져오기도 한다.

soft/hard로 단계를 정하고 주로 depth로 양을 조절하며 그 효과는 애널라이저 형태로 표시되기 때문에 직관적으로 판단하기가 수월하다. 'mix'나 'balance'도 유용한 파라미터이다.

Fabfilter Pro-L2

그림 5-10 Fabfilter Pro-L2

　　Fabfilter Pro-L2는 좌측의 '게인 슬라이더'를 이용해 트레숄드와 출력 게인 증가를 동시에 조절하면서 최대 출력 레벨(ceiling level)을 지키고 음량을 더 크게 만든다. 하지만 게인 슬라이더를 과도하게 높이면 지나치게 압축되어 왜곡이 발생한다. 'STYLE'은 여러 프리셋 형태로 되어있고 다이내믹 외에 인핸서 기능을 가지고 있어 모드에 따라 사운드가 달라진다.

'LookAhead(미리보기)'는 완벽한 피크제어를 위해 오디오신호를 밀리세컨 단위로 미리 검사하여 설정된 출력레벨을 위한 게인 감소량을 예측할 수 있는 기능이다. 아주 짧은 시간으로 설정할수록 트랜지언트가 유지되어 음량이 커지지만 신호가 왜곡될 가능성이 있고, 길게 설정하면 트랜지언트가 미리 압축되어 음량이 작아지지만 대신 왜곡에는 안전하다. [12]

iZotope Ozone11

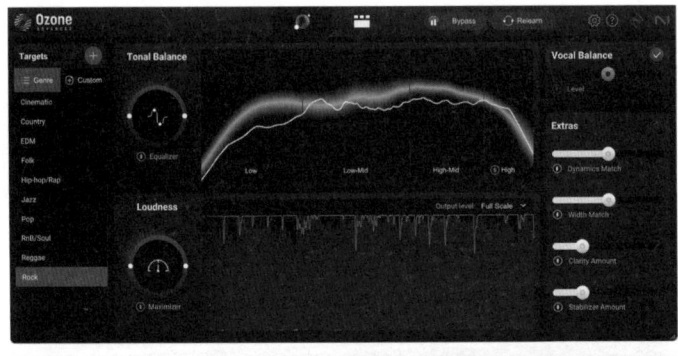

그림 5-11 iZotope Ozone11

Ozone은 기본적으로 마스터링 소프트웨어이다. 그럼에도 모듈식으로 되어 있어 개별적으로 사용 가능하며 모듈의 연결순서를 달리하여 사운드를 변화시킬 수 있다. 최신 버전인 Ozone11은 이전 버전에 비해 직관적으로 사용하기 쉽고 사운드는 더욱 투명해졌으며, 인공지능 기능이 강화되어 사운드를 분석하고 제안한다.

'Master Assistant'가 제안해 주는 모듈 세팅은 마스터링 작업을 시작하기에 좋은 출발점이 분명하다. 이렇게 제안된 세팅을 가지고 불필요하거나 과장된 사운드를 만드는 모듈을 삭제하거나 파라미터를 수정하여 최적의 사운드를 만들 수 있다. 여러 모듈 가운데 큰 비중을 차지하는 것은 'Maximizer'로 자연스럽게 압축하고 레벨을 향상시켜 최대 음량을 높인다.

Mixing Music
The Balance of Art and Technology

6장　　　　　　　　　　　　　　　　　　　　기타

믹싱에 도움이 되는 음향이론

등음량곡선Equal Loudness Contour으로 이해하는 모니터링 레벨에 따른 믹스 밸런스의 변화

일정한 모니터링 레벨로 믹싱을 하다 레벨에 변화를 주면 지금까지 맞춰온 믹스 밸런스가 매우 다르게 느껴질 때가 있다. 작게 들으면서 밸런스를 맞추고 다시 크게 들었을 때 베이스와 같은 저음역의 소스가 더 크게 들리는 경향이 있고, 역으로 크게 들으면서 밸런스를 맞추고 작게 들으면 오히려 저음역 악기의 밸런스가 더 작게 들리는 현상이 생기는데 이것은 심리음향적 원인과 관련이 있다.

이러한 현상은 동일한 음압레벨이라도 주파수마다 다른 음량으로 인식하게 되는 자연스러운 심리음향적 반응으로, 등음량곡선을 이용하여 설명이 가능하다.

여기서 '음량loudness'이란 심리음향적 소리의 크기, 즉 주관적인 소리의 크기를 말하고 단위는 '폰phon'이다. 이에 비해 물리음향적 소리의 크기는 음압sound pressure으로 측정하며 이것을 음압레벨Sound Pressure Level(SPL,

단위:데시벨dB)로 나타낸다.

등음량곡선은 사람의 청력 감도가 주파수에 따라 어떻게 달라지는가를 나타낸 곡선이다. 피실험자들에게 일정한 크기의 1kHz 순음을 들려주고 주파수를 바꿔가며 이 소리의 크기(음량)와 동일하게 느껴지는 각 주파수의 음압레벨을 측정했더니 그림과 같이 주파수마다 다르게 나타났다. 이를 토대로 만든 그래프가 바로 '등음량곡선'이다.

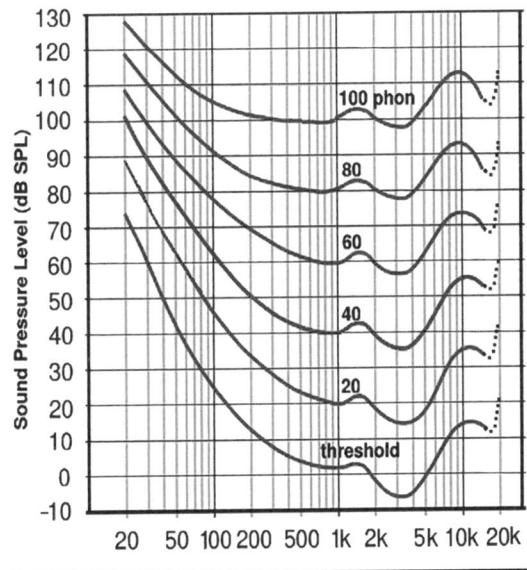

그림 6-1 등음량곡선

2003년(ISO 226)에 개정된 등음량곡선. 위키피디아.

가령, 1kHz 순음 40dB(40phon)을 들려주었을 때 이와 동일한 음량을 갖는 100Hz의 음압레벨(dB)은 약 63dB이다. 이것을 다르게 표현하면 1kHz 순음 40dB과 같은 음량을 가지려면 100Hz는 약 23dB만큼 더 커야 동일하게 느낀다는 것이다.

이 곡선에서 두 가지 사실을 눈여겨볼 필요가 있다.

첫째, 음압레벨이 낮을수록 높은 주파수대역과 낮은 주파수대역의 음량 차가 커진다. 그리고 음압레벨이 약 80dB 이상 커지게 되면 상대적으로 고른 그래프 모양이 되면서 높은 주파수대역과 낮은 주파수대역 간의 음량 차가 다소 줄어드는 것을 볼 수 있다.

둘째, 사람의 청력감도는 약 2~3kHz 주변에서 아주 높게 나타나고 있는데 그 원인은 '외이도 공명'에서 찾을 수 있다. 사람의 평균 외이도의 폭은 약 7~9mm, 그리고 고막까지의 길이는 약 3cm인데 이 조건은 외이도 안에서 공명하는 주파수가 약 3kHz 주변에서 발생하는 원인이 된다. 이 대역의 청력감도가 다른 주파수 보다 약 10~15dB 정도 더 높다고 알려져 있다.

그렇다면 이와 같은 심리음향적 현상을 다음과 같이 믹싱에 응용하는 것이 가능하다.

첫째, 그림에서 보는 바와 같이 음압레벨이 높을수록, 즉 모니터링 레벨이 높을수록 주파수 간의 청력감도 차이가 줄어 상대적으로 평탄한 주파수 반응을 나타낸다. 따라서 약 80dB 이상의 음압레벨로 모니터링하는 것이 정확한 밸런스를 얻는 데 도움이 된다. 하지만 큰 소리에 오랫동안 노출되면 피로가 쌓여 판단력이 흐려질 수 있고 청력손상의 위험이 있다.

둘째, 사람에게 민감한 주파수인 약 2~3kHz 대역을 잘 다뤄야 한다. 이 주파수대역은 물리적으로 낮은 음압레벨에도 심리적으로 큰 음량을 얻을 수 있기 때문에 강조할 악기나 음색이 있다면 관심을 가져야 할 주파수대역이다.

하지만 여기에도 한계는 있다. 먼저 이 실험에서는 복합음이 아닌 순음을 사용했다. 음악은 복합음으로 이루어져 있기 때문에 순음을 찾기는 힘들어 직접적으로 등음량곡선을 대응하기에는 다소 무리가 있다. 그리고 피실험자들의 상태나 실험 환경에 따라 많은 변수들이 있었을 것으로 추측되기 때문에, 등음량곡선에 나타난 수치를 절대적으로 신뢰하기에는 어느 정도 한계가 있다.

1933년 Fletcher-Munson의 실험에 의해 최초로 등음량곡선이 발표된 이후, 1957년 Robinson과 Dodson의 개선된 실험결과가 발표되었다. 1987년 ISO에서 Robinson과 Dodson의 등음량곡선을 국제적 등음량곡선(ISO 226)으로 채택하였고, 이후 2003년에 다시 한번 개정이 되었는데 이번에는 오히려 첫 번째 실험인 Fletcher-Munson의 실험결과와 유사한 곡선 형태가 되었다.

소리의 세기에 따라 달라지는 피치

소리의 높고 낮음, 즉 음고를 나타내는 피치pitch는 대뇌에서 느끼는 심리적 주파수를 말한다. 1kHz, 2kHz처럼 물리적 주파수와 서로 밀접하게 연관되어 있지만 정확히 같지는 않은데, 이것은 청각기관에서 받아들인 신호를 대뇌에서 심리적으로 다르게 인식하기 때문이다.

주목해야 할 점은 음압레벨과 피치와의 관계이다. 밝혀진 연구에 따르면 주파수가 약 2kHz 이하일 경우 음압레벨이 증가함에 따라 피치가 더 낮게 들리는 경향이 있고, 약 2kHz 이상일 경우 음압레벨이 높을수록 피치가 더 높게 들리는 경향이 있다는 것이다(Stanley Smith Stevens와 Ernst Terhardt 연구).

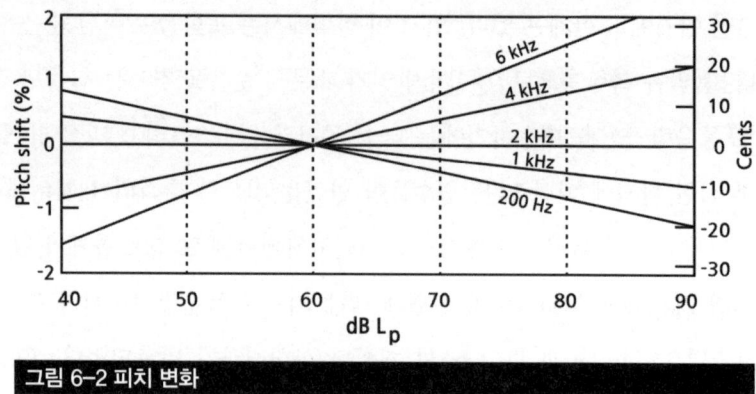

그림 6-2 피치 변화

음압레벨에 따른 피치 변화(『Music Sound, Technology』, John M. Eagle, 1995, p.50. 재인용).

하지만 여기에도 몇 가지 한계가 있다. 실험의 기준이 되는 신호는 순음이고 음악은 이보다 복잡한 소리로 구성되어 있어 음악 작업에 절대적으로 적용하기에는 다소 무리가 있다. 그럼에도 피치 수정은 워낙 세밀한 과정이기 때문에 그림과 같이 약 60dB SPL 정도로 높지 않은 모니터링 레벨에서 듣는 것이 정확한 피치 수정에 도움이 된다.

소리가 뭉치는 마스킹 현상

많은 악기가 동시에 연주되는 코러스 섹션에서 악기 소리가 명확히 들리지 않거나 낮은 주파수대역의 소리가 서로 뭉쳐 윤곽이 뚜렷하지 않은 경우가 많다. 이러한 원인은 소스 간의 마스킹에 있다. 믹싱에서 자주 발생하는 마스킹과 그 해결방법을 알아보기로 한다.

∞ 레벨 차이에 의한 마스킹 현상

큰 소리가 작은 소리를 방해하거나 레벨이 다른 소리들이 서로 침범하여 잘 들리지 않는 현상을 말한다. 일례로 악기 수가 적은 벌스 섹션에서는 잘 들리다가 코러스 섹션에 들어가면서 악기 수가 늘고 각 소스의 레벨이 최대치가 되면서, 상대적으로 작은 레벨의 소스가 뚜렷하게 들리지 않는 경우다.

현실적으로 모든 소스가 동시에 잘 들리기는 어렵다. 따라서 중요한 소스와 그렇지 않은 소스를 구분하여 밸런스 조정을 목표로 오토메이션과 컴프레서로 처리한다. 상대적으로 잘 들려야 하는 소스는 오토메이션으로 필요한 부분만 올렸다 내리고, 그렇지 않은 소스는 일정 레벨 이상으로 올라가지 않도록 컴프레서로 압축한다.

∞ 유사한 주파수에 의한 마스킹

주파수대역이 유사한 소스들은 마스킹 양이 최대가 된다. 가령 베이스와 킥드럼은 주파수가 유사한 저음역 악기이므로 서로 마스킹되기 쉽다. 이때는 이퀄라이저로 겹치지 않게 조절함과 동시에 서로 다른 주파수대역을 강조함으로써 마스킹을 최소화한다. 이와는 반대로 악기 사이의 경계가 너무 뚜렷하여 이질감이 들면 오히려 서로 비슷한 대역을 강조하여 악기 간 혹은 보컬과 악기 간의 경계를 모호하게 만들 수도 있다.

∞ 시간차에 의한 마스킹

먼저 발생한 소리가 그 뒤에 오는 소리를 방해하거나 뒤에 발생한 소리에 의해 앞서 발생한 소리가 잘 들리지 않는 현상이다. 이를테면, 보컬에 딜레이 효과를 주었을 때 딜레이 피드백이 계속 발생함에도 이후에 연주되는 악기 소리에 의해 몇 개의 딜레이 외에는 잘 들리지 않는 경우다. 시간차에 의한 마스킹은 시간이라는 매개변수가 있지만 결국 위에서 설명한 음량 차나 유사한 주파수 마스킹으로 귀결된다.

대부분의 경우 마스킹으로 인한 단점을 줄이려고 노력하지만, 때로는 마스킹 효과를 이용해 의도적으로 소스의 명료도를 떨어뜨려 몽롱하고 뿌연 느낌의 사운드를 연출하거나 부족한 연주 또는 가창을 숨기는 데 이용하기도 한다.

비주얼 믹싱 컨셉

믹싱해야 할 곡을 들으면서 상상한 밸런스나 사운드가 믹싱에 직접 적용된다고 가정해 보자. 기술적으로 구현하기 힘들지만 이와 유사한 접근방법을 설명한 '비주얼 믹싱 컨셉visual mixing concept'을 소개한다.

David Gibson의 저서 『The Art of Mixing: A Visual Guide to Recording, Engineering, and Production』에서 '창작물의 사운드를 머릿속으로 형상화(形象化)하고 이것을 바탕으로 믹싱에서 실제로 재현한다.'는 개념을 설명하고 있다.

필자는 믹싱을 하기 전에 우선 머릿속으로 최종 결과물의 이미지를 세밀하게 형상화하는 것을 강조해 왔다. 이는 소스의 위치, 밸런스, 주파수 스펙트럼 등을 정확히 떠올려 믹싱과정에서 구체적으로 재현함으로써 마치 밑그림을 이용해 그림을 그리는 것과 같은 효과가 있어 불필요한 시도를 줄이고 시간과 에너지를 절약하는 데 도움이 된다.

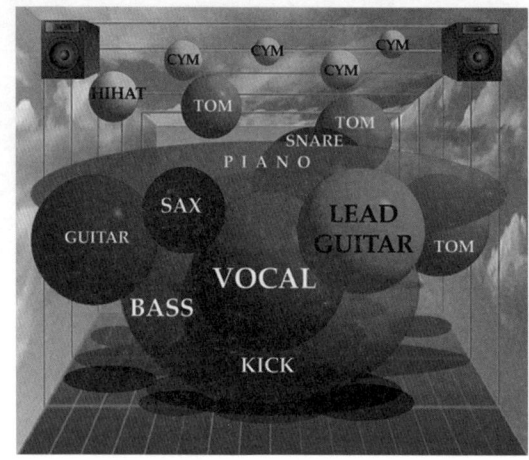

그림 6-3 비주얼 믹싱 컨셉
각 소스의 위치, 밸런스, 주파수 스펙트럼 등을 시각화하여 믹스를 표현하고 있다. (David Gibson 2018, 49).

    그림을 자세히 살펴보면 좌우 모니터 스피커를 기준으로 그 안에서 사운드 소스의 밸런스와 함께 좌우, 위, 아래, 앞과 뒤의 위치를 표현하고 있고, 원의 크기와 색상의 선명도에 따라 소스의 음량을 입체적으로 나타내고 있다. 이와 같이 사운드의 이미지를 먼저 머릿속에 떠올리고 나아가 각 소스의 음향 처리 과정까지 미리 예상하여 이를 실제에 적용한다.

    사운드의 이미지 형상화 과정은 지금 당장이라도 가능한 사람이 있을 수 있고, 누군가에게는 완전히 새로운 경험일 수도 있다. 익숙하지 않은 사람에게는 비평적 청취에 의한 듣기 연습이 많은 도움이 된다. 다음 장에서 소개할 '비평적 청취'를 통해 지금까지와는 다른 음악적 평가와 청취 방법을 시도해 보자.

비평적 청취

음악을 듣는다는 것은 멜로디나 리듬을 즐기고 음악이 주는 감정과 가사의 메시지를 이해하며 예술을 향유하는 행위이다. 이때 음악이라는 소리가 주는 즐거움, 슬픔, 감정과 의미를 파악하려는 청취 방식을 '분석적 청취analytical listening'라 한다.

하지만 창작자, 프로듀서, 엔지니어라면 음악을 다른 방식으로 듣게 된다.

음악의 멜로디, 리듬, 가사를 들으면서 감정과 의미를 파악하는 것 외에도 주파수, 다이내믹, 음색, 편곡, 악기 간의 상호작용 등 소리 자체의 물리적인 차이와 변화를 분석하며 청취하는 자세가 필요하다.

이렇게 음악이라는 소리를 주파수, 다이내믹 등 소리 자체의 특징 위주로 평가하는 청취 방식을 '비평적 청취critical listening'라 한다. 가령 음악의 감정이나 의미보다는 프리앰프 간의 음색 차이, 아날로그와 디지털의 소리의 차이나 혹은 주파수대역별로 음색이 어떠한지, 소스의 패닝이 좌우, 앞뒤 어디에 배열되었는지, 어떠한 잔향의 종류를 사용했는지 등을 분석하면서 듣는 것이 비평적 청취에 해당한다.

이러한 비평적 청취 능력을 향상시키기 위해서는 반복해서 듣는 연습이 필요하다. 여러 번 들으면서 악기를 하나씩 차례로 들어보고 소스 간의 상호작용을 파악해서 듣거나 특정 음향 효과를 찾아서 들어보는 것은 소리를 분석하는 데 큰 도움이 된다.

또 다른 방법으로는 사운드 이미지를 손으로 직접 그리는 것이다. 기존에 발매된 음원을 들으면서 사운드소스가 나타내는 이미지를 그림 6-3과 같이 시각적으로 표현하되 좌우는 악기의 패닝을 나타내고, 위아래는 저주파에서부터 고주파로 표현되는 주파수대역을, 앞뒤로는 원근감이나 깊이를 입체적으로 그려본다.

이런 방법으로 계속 듣는 연습을 하다 보면 음악을 주파수, 음색, 공간, 레벨 등으로 분석하는 것이 익숙해지고, 새로운 곡의 소스를 들었을 때 자유롭게 머릿속에서 형상화할 수 있을 뿐만 아니라 더 나아가서 소스와 다양한 음향장치와의 상호작용을 예상하여 결과물을 떠올릴 수 있다. 그리고 이렇게 머릿속에 떠올린 사운드를 현실에서 프로그램이나 음향장비를 통해 표현할 수 있게 되는데 바로 '비주얼 믹싱 컨셉'의 목표가 된다.

이러한 일련의 연습은 특히 입문자에게 큰 효과가 있다. 하지만 비평적 청취 방법으로 듣다 보면 음악을 사운드적으로 과도하게 분석하려 드는 부작용도 생긴다.

매크로 믹싱과 마이크로 믹싱

하나의 사운드소스로부터 출발해 서브그룹과 스테레오버스까지 전체 사운드로 확장해가는 형태의 믹싱 방식(마이크로 믹싱micro mixing)은 전통적이고 일반적인 방식이었다.

하지만 근래에는 대부분의 믹싱이 DAW로 집약되면서 그 순서에도 변화를 가져왔다. 무엇보다 댄스 스타일의 케이팝처럼 장르적 특성으로 인해 트랙 수가 급격히 늘면서 각 트랙마다 정교한 조정이 어려워졌고 많은 시간이 소요되게 되었다. 그리고 전문 믹싱 엔지니어가 아닌 창작자나 믹싱 작업자들이 전문가들과 동일한 음향장비를 사용하게 되면서 기존의 방식에 얽매이지 않고 컨셉 위주의 사운드를 만드는 것이 가능해졌다.

이러한 이유로 세밀한 조정보다는 간단한 밸런스를 맞춘 이후에 표면상으로 가장 큰 변화를 가져올 수 있는 스테레오버스나 서브그룹부터 먼저 음향 처리하고, 거기에 맞춰 각 소스로 이동해 가는 방식으로 변화되었으며 이러한 믹싱 방식을 '매크로 믹싱macro mixing'이라 한다.

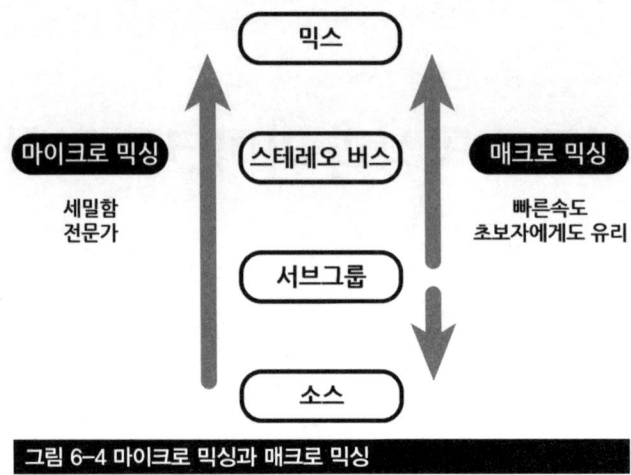

그림 6-4 마이크로 믹싱과 매크로 믹싱

믹싱 순서와 서브그룹의 역할에 따른 믹싱 방법.

특징

매크로 믹싱의 핵심은 속도다. 스테레오버스나 서브그룹에서 다이내믹과 음색을 조정하기 때문에 개별 소스의 게인스테이징이 쉽고 악기별로 한 번에 처리할 수 있어 빠른 믹싱이 가능하다.

각 소스마다 세부적인 음향처리보다는 드럼, 기타, 건반처럼 악기 단위로 밸런스를 조정하기 때문에 시간이 넉넉하지 않거나 정교한 믹싱 작업이 익숙지 않은 사람들에게 상당히 효과적이다. 방송이나 공연처럼 곡마다 악기 구성이 비슷한 경우 미리 만들어 놓은 믹싱 템플릿을 이용해 오디오 파일만 바꿔가며 믹싱할 수도 있다.

기존의 믹싱 방식과 비교해 보면 서브그룹의 역할에 다소 차이점이 있다. 매크로 믹싱에서는 서브그룹을 주된 음향처리 경로로 보는 것에 비해, 전통적인 믹싱 방식(마이크로 믹싱)에서는 이미 각 소스의 음향처리를 마친 상태에서 추가적인 음향처리의 경로로 여긴다.

정리하면, 매크로 믹싱은 세밀함은 부족할 수 있으나 전체 그림을 완성하는 측면에서 효과적이다. 음향장치의 사용이 줄고 시간과 과정이 단축되어 입문자에게 좋은 대안이 될 수 있다.

매크로 믹싱 순서

먼저 각 소스의 기본적인 밸런스를 맞춘다. 그리고 보조트랙을 이용해 비슷한 악기를 서브그룹(예: G_Drum, G_Inst, G_Key, G_Chorus 등)으로 묶는다. 기본적인 밸런스 외에는 주로 서브그룹으로 음향처리를 하고 곡 구성에 따른 오토메이션도 서브그룹에서 조정한다. 서브그룹에 이퀄라이저나 컴프레서와 같은 음향장치를 사용하게 되면 그룹 내 소스들의 다이내믹이나 톤이 일정하게 유지되는 장점이 있다.

서브그룹을 이용해 어느 정도 정리가 되었다면 바로 스테레오버스에 음향처리를 한다. Ozone, Abbey Road TG mastering Chain 등과 같은 마스터링 소프트웨어를 사용하면 시간 대비 빠른 효과를 만들 수 있으며 기존 밸런스를 해치지 않으면서도 곡 전체의 사운드를 원하는 방향으로 조정하기 쉽다. 하지만 각 소스마다 일일이 음향처리하지 않은 상태에서 서브그룹으로 묶었기 때문에 사운드가 매끄럽지 않으므로 필요하다면 각 소스에 직접 음향처리를 한다.

마지막으로 리버브나 이펙트 효과처리를 한다. Hall, Plate, delay, chorus

등 효과장치 채널을 미리 생성해 두고 필요에 따라 서브그룹에서 SEND/ RETURN으로 사용한다.

그림 6-5 플러그인 템플릿

다양한 효과장치 보조트랙을 미리 생성해 둔 템플릿에서 불러온다.

소통과 관계

믹싱 엔지니어와 프로듀서, 창작자

믹싱 엔지니어와 가장 많이 소통하는 사람은 곡을 쓴 창작자일 것이다. 믹싱세션에서는 엔지니어와 창작자 모두 음악에 집중하고 있으므로 구체적이고 유익한 대화가 이어진다. 바라보는 방향이 동일하다면 창작자의 창작물을 엔지니어의 기술과 상상력으로 잘 표현하여 의도했던 결과가 나올 확률이 높다.

반면에 다음과 같은 경우라면 어려움을 겪을 수도 있다.

첫째, 한쪽의 경험이나 내공의 차이가 많이 나는 경우다. 창작자가 베테랑이고 믹싱 엔지니어가 경험이 적은 경우는 다소 어려움을 겪겠지만 실제 이런 경우는 드물다. 믹싱을 맡기기 전에 이미 믹싱 엔지니어의 경력을 확인하여 적임자인지를 판단하기 때문이다. 반대로 베테랑 엔지니어와 신인 창작자의 경우, 서로를 존중하는 분위기가 형성된다면 경험 많은 엔지니어가 기술적인 부분을 잘 이해시키고 신인 창작자의 신선한 아이디어가 합쳐져 좋은 결과를 만들 수 있다. 이와 다르게 신인 창작자의 고집이나 베테랑 엔지니어의 구태의연한 작업방식은 상황을 악화시키기도 한다. 이외에 양쪽 모두 일천한 경력으로 의기투합할 때는 모 아니면 도가 될 가능성이 있다.

둘째, 서로 소통이 원활하지 않을 때 어려움을 겪게 된다. 원인이 무엇이든 소통하지 않은 상태에서 이루어진 믹싱을 차후에 고된 수정작업으로 떠안게 될 확률이 높다. 소통이 원활하게 이루어져도 수정할 일이 많은데, 그렇지 않은 경우라면 어떤 결과가 나올지 누구나 예상할 수 있을 것이다.

믹싱 엔지니어와 A&R

프로젝트를 진행하면서 긴밀히 소통해야 할 또 한 명의 중요한 사람으로는 기획사의 A&R(Artist & Repertoire)이 있다. 원래 A&R의 주요 업무는 신인 개발, 아티스트와 기획사 간의 연결, 앨범의 레퍼토리를 짜거나 제작 스케줄 관리 등 앨범 관련업무를 맡아왔는데, 근래에는 발매되는 음반의 대부분이 싱글 앨범이므로 뮤직프로듀서의 역할이 줄어들고 그 업무의 많은 부분을 A&R이 넘겨받으면서 뮤직비즈니스 업무에서 A&R의 중요성은 더욱 커졌다.

믹싱세션에서 A&R은 기획사, 아티스트의 의견을 대변한다. 기획사 내부의 의견과 아티스트의 피드백을 정리하여 믹싱 엔지니어에게 전달하며 심지어 창작자의 의견도 종합해서 보내기도 한다. 소통의 창구 역할을 하므로 다양한 의견을 한 번에 정리해서 받을 수 있는 장점도 있지만, 간혹 의도와 다르게 왜곡되는 경우도 있으므로 A&R과의 깊이 있는 소통은 필수다.

대중

위에서 언급한 사람들이 믹싱 엔지니어가 소통하는 사람들의 전부일 것이라고 생각하지만 사실 가장 중요한 대상은 바로 '대중'이다.

음악을 구입하고 소비하는 대중이야말로 궁극의 소통대상이다. 결과물을 최종적으로 평가하는 사람은 소비자이므로 대중이 전달하는 피드백을 주의 깊게 들어야 한다. 물론 대중은 기술적인 부분까지 자세하게 피드백을 생산하지 않으며, 표현한다 하더라도 그 표현 또한 상당히 모호하고 거칠다. 하지만 기회가 된다면 SNS, 댓글 등을 통해 그 행간의 의미를 파악하고 이를 고민하는 시간은 꼭 필요하다.

참고문헌

- 이석원, 『음악음향악』, 심설당, 2003.
- 오세진, 『심리음향악』, 수문사, 2022.
- 김진우 , 유지연 , 이아름 , 이창호 , 허영아, 『뮤직 비즈니스바이블』, 박하, 2016.
- Haigh, John Dunkerley and Rogers. *Classical Recording*. Focal Press, 2020.
- King, Richard. *Recording Orchestra and Other Classical Music Ensembles*. Routledge, 2016.
- Brixen, Eddy. *Audio Metering, 3rd Edition*. Routledge, 2020.
- Moylan, William. *Recording Analysis*. Focal Press, 2020.
- Self, Douglas et al. *Audio Engineering: Know It All*. Newnes, 2009.
- Moylan, William. *The Art of Recording: Understanding and Crafting the Mix*. Focal Press, 2002.
- Izhaki, Roey. *Mixing Audio: Concepts, Practices, and Tools, 3rd Edition*. Routledge, 2017.
- Huber, David Miles and Robert Runstein. *Modern Recording Techniques, 9th Edition*. Routledge, 2017.
- Crich, Tim. *Recording Tips for Engineers: For Cleaner, Brighter Tracks, 4th Edition*. Routledge, 2017.
- Rumsey, Francis and Tim McCormick. *Sound and Recording: Applications and Theory, 7th Edition. Routledge*, 2014.
- Owsinski, Bobby. *The Recording Engineer's Handbook, 5th Edition*. Bobby Owsinski Media Group, 2023.
- Owsinski, Bobby. *The Mixing Engineer's Handbook, 5th Edition*. BOMG Publishing, 2022.
- Massy, Sylvia. *Recording Unhinged: Creative and Unconventional Music Recording Techniques*. Hal Leonard, 2016.

- Benediktsson, Bjorgvin. *Step By Step Mixing: How to Create Great Mixes Using Only 5 Plug-ins*. Bowker, 2019.
- Corey, Jason. *Audio Production and Critical Listening, 2nd Edition*. Routledge, 2016.
- Thompson, Daniel. *Understanding Audio: Getting the Most Out of Your Project or Professional Recording Studio, 2nd Edition*. Berklee Press, 2018.
- Gibson, David. The Art of Mixing: *A Visual Guide to Recording, Engineering, and Production*. Routledge, 2018.
- Pedersen, Karl and Grimshaw-Aagaard. *The Recording, Mixing, and Mastering Reference Handbook*. Oxford University Press, 2018.
- Pedersen, Karl. *Handbook of Recording Engineering*. Springer, 2012.
- Juth, Thomas. *Mixing Philosophy: The Mindsets Behind a Great Mix. Kindle Edition*, 2021.
- Juth, Thomas. *The Art of Compression. Kindle Edition*, 2018.
- Juth, Thomas. *The Art of EQ. n.p.: Kindle Edition*, 2021.
- Juth, Thomas. *The Art of Creating Depth. Kindle Edition*, 2016.
- Eargle, John. *Music, sound, and technology, 2nd edition*. Van Nostrand Reinhold, 1995.
- Clarke, Amos. *Macro-mixing for the small recording studio: produce better mixes, faster than Ever using simple techniques that actually work*. [CreateSpace], 2014.
- Clarke, Amos. *56 mix tips for the small recording studio: practical techniques to take your mixes to the next level*. [CreateSpace], 2014.
- Nyquist, Nathan. *The 3-Delay Framework: Learn the step by step system for using delay effects to get BIGGER mixes. Kindle Edition*, 2018.

미주

01 Maureen Droney, *Mix Masters: Platinum Engineers Reveal Their Secrets for Success*(n.p.: Berklee Press, 2003), 27.

02 EBU R12, August. 2020

03 ATSC A/85:2013, March. 2013

04 디지털 텔레비전 방송프로그램 음량 등에 관한 기준, 과학기술정보통신부 고시 제2018-39호

05 Toyashima, S. and Suzuki, H., 'Control Room Acoustic Design', presented to the 80th Convention of the Audio Engineering Society, Montreux (Switzerland), Preprint No. 2325 (1986)

06 Ian Sinclair, *Audio engineering: know it all* (n.p.: Elsevier Inc., 2009), Table 29.3. Typical Sound Absorption Coefficients.

07 Al Schmitt , Maureen Droney, *Al Schmitt on the Record: The Magic Behind the Music*, Rowman & Littlefield Publishers, 2018, p84.

08 https://www.youtube.com/watch?v=BOU7PCeSHE4&list=PL4dlSychPQEtbWxFxifzmlkcBXpOGFTrQ&index=5

09 이석원, 『음악음향학』(n.p.: 심설당, 2003), 225.

10 Sylvia Massy, *Recording Unhinged* (n.p.: Hal Leonard, 2016), 16.

11 https://www.mixonline.com/technology/1976-emt-model-250-digital-reverb-377973

12 https://www.fabfilter.com/downloads/pdf/help/ffprol2-manual.pdf. 12p.

음악 믹싱
예술과 기술의 만남

초판 1쇄 발행 2024. 2. 29.
　　 2쇄 발행 2025. 3. 17.

지은이　박혁
펴낸이　김병호
펴낸곳　주식회사 바른북스

편집진행　황금주
디자인　양헌경

등록　2019년 4월 3일 제2019-000040호
주소　서울시 성동구 연무장5길 9-16, 301호 (성수동2가, 블루스톤타워)
대표전화　070-7857-9719 | **경영지원**　02-3409-9719 | **팩스**　070-7610-9820

•바른북스는 여러분의 다양한 아이디어와 원고 투고를 설레는 마음으로 기다리고 있습니다.
이메일　barunbooks21@naver.com | **원고투고**　barunbooks21@naver.com
홈페이지　www.barunbooks.com | **공식 블로그**　blog.naver.com/barunbooks7
공식 포스트　post.naver.com/barunbooks7 | **페이스북**　facebook.com/barunbooks7

ⓒ 박혁, 2024
ISBN 979-11-93879-11-5 93670

•파본이나 잘못된 책은 구입하신 곳에서 교환해드립니다.
•이 책은 저작권법에 따라 보호를 받는 저작물이므로 무단전재 및 복제를 금지하며,
이 책 내용의 전부 및 일부를 이용하려면 반드시 저작권자와 도서출판 바른북스의 서면동의를 받아야 합니다.
　　•본 연구는 홍익대학교 신임교수 연구지원비에 의하여 지원되었음